AF495211

LA PETITE CUISINIÈRE HABILE,

OU

L'ART D'APPRÊTER LES ALIMENS

AVEC DÉLICATESSE ET ÉCONOMIE;

Suivi d'un Traité sur les Confitures et sur la conservation des Fruits et Légumes les plus estimés.

PAR MADAME FR.....

Auteur du Confiseur royal, de l'Art du Liquoriste dévoilé aux Gourmands, et d'autres Ouvrages d'Economie domestique.

NOUVELLE ÉDITION,

CORRIGÉE ET AUGMENTÉE.

L'esprit fait des mortels aimables,
mais l'estomac fait des heureux.

A PARIS,

Chez FRIEDEL et GASC, Éditeurs, rue Fromenteau, n°. 19, près la place du Palais-Royal.

1821.

Chassons à jamais de nos tables
Ces plats savamment détestables,
Enfans du luxe et de l'ogueil,
Qui, fort agréables à l'œil,
A l'estomac insupportables,
Nous acheminent au cercueil
Par des coliques honorables.

LA PETITE CUISINIÈRE HABILE,

VIANDES ET VOLAILLES.

Manière de bien apprêter les Cervelles de Veau.

On fait cuire deux cervelles de veau avec du vin blanc, des bandes de lard, un bouquet de persil, une gousse d'ail, trois clous de girofle, un peu de sel et du gros poivre ; on met gros comme la moitié d'un œuf de bon beurre dans une casserole, avec une cuillerée de moutarde et un peu de bouillon ; on fait lier sur le feu ; on trempe les cervelles dans cette sauce, on les passe moitié mie de pain, moitié fromage rapé ; on leur fait prendre couleur sous la tourtière, et on sert avec une sauce faite avec du bouillon et un peu de moutarde ; on fait chauffer sans bouillir et on sert chaud.

Cervelle de bœuf en matelotte.

Nettoyez vos cervelles, ôtez le sang caillé, la petite peau et les fibres qui renferment la cervelle; mettez-les pendant quelques heures dans l'eau fraîche, pour les faire dégorger; ensuite faites-les cuire une demi-heure avec vin ou vinaigre, oignons, thym, laurier, persil, sel et eau. Quand elles sont cuites, passez au tamis; faites passer des petits oignons dans le beurre jusqu'à ce qu'ils soient de belle couleur; saupoudrez avec une pincée de farine; mouillez avec le vin dans lequel ont cuit vos cervelles, et ajoutez des champignons, si vous en avez; dressez vos cervelles; jetez votre ragoût dessus, et servez.

Fraise de veau à la bourgeoise.

Mettez blanchir une fraise de veau à l'eau bouillante; faites cuire après avec un morceau de beurre manié de farine, de l'eau, sel, poivre, oignons, carottes, un bouquet de persil, ciboules, ail, clous de girofle; la cuisson faite, mettez-la égoutter, et servez chaudement, avec filet de vinaigre.

Fraise de veau à la sauce piquante.

Après avoir bien nettoyé une fraise de

veau, on la fait cuire au naturel, ensuite on la dégraisse, on la coupe en filets et on la sert avec la sauce suivante :

Sauce piquante fine.

On met dans une casserole un morceau de beurre avec deux gros oignons en tranches, une carotte, un panais, un peu de thym, laurier, basilic, deux clous de girofle, deux échalottes, une gousse d'ail, persil et ciboules, on passe le tout ensemble sur le feu, jusqu'à ce que cela soit bien coloré; on y met ensuite une bonne pincée de farine, on mouille avec du bouillon et une cuillerée de bon vinaigre; on fait bouillir à très-petit feu, on dégraisse, on passe au tamis, et on assaisonne de sel et de poivre. On se sert aussi de cette sauce pour la tête de veau, pour les pieds de veau, etc.; enfin, pour tout ce qui a besoin d'être relevé.

Etuvée de veau.

Vous couperez vos morceaux et les laverez bien, puis trempez-les dans un peu de beurre roux, et rangez-les dans une casserole; mettez du bouillon ou de l'eau, un peu de sel, et ne l'écumez point, parce que vous perdriez votre beurre (si vous la vouliez écumer, il ne faudrait point la passer à la poêle auparavant ; ensuite, après l'avoir écumée, portez-y votre beurre) : ajoutez-y du laurier, lard haché, et un paquet que vous composerez de cette sorte, savoir : persil, ciboules, thym, et la faites cuire à petit feu ; quand vous serez prêt à servir, vous pourrez mettre jaune d'œuf avec verjus, ou un filet de vinaigre ; faites courte sauce et servez chaud.

Bouilli resservi, à la fine.

On coupe en tranches bien proprement son bœuf froid, et on le fait mariner une demi-heure avec un peu d'huile, persil, une pointe d'ail, deux échalottes, le tout haché, sel et gros poivre : on fait tenir à chaque tranche, le plus qu'on peut de la marinade, et on les pane toutes de mie de pain, on les fait griller à petit feu, en les arrosant avec le reste de la marinade ; on les sert avec un jus clair et un filet de verjus ou de vinaigre.

Bœuf à la mode.

Prenez du bœuf, soit de la tranche, pièce ronde ou gîte à la noix : battez-le bien, lardez de gros lard ; mettez-le ensuite dans une marmite avec quelques couennes de lard, un pied de veau, un ou deux oignons, une carotte, un bouquet de fines herbes, laurier, thym, ail, clous de girofle, sel et poivre; versez sur le tout un ou deux verres d'eau, et faites cuire jusqu'à ce que votre viande soit très-tendre; ensuite passez le jus au tamis, dégraissez et servez. Il faut au moins six heures pour cuire un bœuf à la mode; il doit être fait à petit feu et bien étouffé.

Biftec aux fines herbes.

Coupez le filet de bœuf en tranches minces, battez-les pour les bien applatir; ôtez les tours et les peaux: faites mariner dans de bonne huile ou dans le beurre tiède, sel et poivre; faites griller à feu vif, et servez saignant, avec beurre manié de persil, un filet de verjus ou du jus de citron, et garnissez de quelques petits cornichons.

Biftec aux pommes de terre.

Votre biftec étant fait comme le précédent, vous y ajoutez et servez autour des pommes de terre frites dans le beurre et saupoudrées de sel.

Gras-double en fricassée.

Ratissez, nettoyez avec beaucoup de

soin et lavez à plusieurs eaux bouillantes des morceaux de gras-double, gras, bien épais; faites ensuite dégorger dans l'eau fraîche, et cuire à l'eau avec tranches d'oignons, ail, clous de girofle, poivre en grains et laurier; passez-les ensuite dans le beurre avec une pincée de farine; mouillez-les d'un peu de bouillon, liez la sauce avec des jaunes d'œufs, et servez.

Langue de bœuf aux fines herbes.

Coupez en tranches très-minces une langue de bœuf cuite et froide; prenez le plat que vous devez servir, mettez dans le fond un peu de bouillon, un filet de vignaire, câpres, persil, ciboules, échalottes, un peu de cerfeuil, le tout hâché très fin, ail, gros poivre, de la chapelure de pain, gros comme une noix de beurre, arrangez dessus les tranches de langue; assaisonnez le dessus, comme vous avez fait dessous, et finissez par la chapelure et le beurre; mettez le plat sur un fourneau à petit feu; faites bouillir jusqu'à ce qu'il se fasse un gratin au fond du plat; en servant, mettez-y une cuillerée de bouillon.

Palais de bœuf à la ménagère.

On a trois palais de bœuf qu'on nettoie bien proprement, et qu'on fait cuire dans l'eau; on les épluche bien ensuite de toutes les peaux qui les couvrent; on en ôte tout le noire, et on les coupe par filets; on passe ensuite de l'oignon sur le feu avec un morceau de beurre, et quand cet oignon est à moitié cuit, on y met les palais de bœuf, et on mouille son ragoût avec du bon bouillon, un peu de jus, si l'on en a, et un bouquet garni, et on assaisonne de bon goût; on y mêle des pommes de terre cuites à propos au sel, et coupées par tranches, on mouille encore de jus et bouillon; et quand la sauce est assez réduite, on met un peu de moutarde et on sert.

Palais de bœuf à la lyonnaise.

Lorsqu'ils sont cuits et nottoyés comme il est dit plus haut, vous les coupez en morceaux et les servez sur une purée d'oignons, faite de la manière suivante :

Purée d'oignons.

Prenez vingt à trente oignons, coupez-les par tranches, et mettez-les dans une casserole avec un quarteron de beurre, sel, poivre, feuille de laurier et un peu de muscade; faites-les cuire à petit feu, jusqu'à ce qu'ils soient de belle couleur; ajoutez une cuillerée à pot de bouillon; faites réduire votre purée à consistance d'une bouillie; passez-la dans le passoir, et ne la remettez plus sur le feu pour qu'elle soit toujours de bon goût; tenez-la chaude au bain-marie.

Queues de mouton aux marrons de Lyon.

On fait blanchir six queues de mouton (plus ou moins), autant d'ailerons de dindons; on les retire à l'eau froide: on met les queues de mouton dans une petite marmite, avec des bandes de lard, un bouquet de persil, oignon, une demi-gousse d'ail, deux clous de girofle, une feuille de laurier, un peu d'herbes fines; mouillez de bon bouillon et d'un demi-verre de vin blanc; ajoutez-y un peu de sel, gros poivre, une tranche de jambon, et quelques champignons, s'il y en a; on fait bouillir à petit feu: quand les queues de mouton sont cuites à moitié, on y met des ailerons, pour les faire cuire avec: on prend un demi-cent de marrons qu'on épluche de la première peau, on les met dans une tourtière, feu dessus et dessous, jusqu'à ce qu'ils quittent la seconde peau qu'on leur ôte à mesure qu'ils sont chauds : on prend ensuite les plus beaux, on les met dans une casserole avec un peu de bon bouillon, pour les faire cuire. On pile dans un mortier ceux qui se trouvent cassés dans la cuisson. Les queues de mouton étant cuites, on prend la moitié de leur jus, qu'on dégraisse, on s'en sert pour délayer les marrons pilés ; on passe ce coulis à l'étamine, on y ajoute ensuite les marrons entiers avec un peu de coulis : on dresse les queues de mouton dans la terrine où l'on veut servir (car ce sont queues de mouton en terrine); on met les ailerons de dindon par-dessus, et après avoir essuyé le tout de sa graisse avec un linge blanc, on met le coulis, les marrons par-dessus, et on sert.

Rouelles de veau.

Les rouelles de veau se prennent entre la longe et le jarret ; vous les battrez bien et les larderez avec gros lard, assaisonnerez d'épices et sel, et puis les passerez par la poêle, avec lard haché ou beurre, ensuite vous les mettrez dans la bassine ou casserole, et les accommoderez comme il est dit au bœuf à la mode; vous y ajouterez de même à la fin un peu de vin; prenez garde qu'il n'y ait pas trop de sauce, car il n'en faut que très peu; si vous n'avez qu'une seule rouelle, faites-la cuire sans eau ni bouillon, à petit feu, et encore mieux dans la cloche à la braise; faites courte sauce et servez.

Filets de veau à la provençale.

Prenez du veau cuit à la broche et froid; coupez-le en filets minces; faites une sauce avec un morceau de beurre manié de farine, un demi-verre d'huile, persil, ciboules, échalottes, le tout haché, sel, poivre; faites lier la sauce sur le feu sans que l'huile paraisse; mettez-y les filets de veau chauffer, sans qu'ils bouillent; pressez-y un jus de citron et servez.

Côtelettes de veau en marinade fine.

On met dans une casserole gros comme la moitié d'un œuf, de beurre manié d'une pincée de farine, avec un oignon en tranches, une gousse d'ail, trois clous de girofle, persil, fines herbes, une feuille de laurier, trois cuillerées de bon vignaire, un verre d'eau, sel, poivre; on fait tiédir tout cela sur le feu;

on y met ensuite les côtelettes de veau proprement coupées et battues, on les laisse mariner pendant deux heures : quand ensuite elles sont bien égouttées, on les farine pour les faire frire dans une friture neuve, et on les sert entourées de persil frit.

Côtelettes en papillottes.

On coupe les côtelettes un peu minces; on les applatit bien avec le couperet; on les met dans des carrés de papier blanc, avec sel, poivre, persil, oignon, champignons, s'il y en a, échalottes, le tout haché très-fin, avec de l'huile ou du beurre, ou deux tranches minces de lard, selon le goût; on tortille le papier autour de la côtelette, dont on laisse sortir le bout; on beurre le papier en dehors, on fait cuire à petit feu sur le gril, après avoir mis une feuille de papier beurrée dessous les côtelettes; on les sert avec le papier qui les enveloppe. — Elles sont, ainsi préparées, très-succulentes.

Foie de veau à l'exquise.

On met un bon morceau de beurre avec un foie de veau, coupé en tranches de l'épaisseur d'un doigt, dans une casserole, on le fait rissoler sur le feu jusqu'à ce qu'il soit cuit, en le retournant des deux côtés dans sa casserole : on l'en ôte ensuite, on met dans la même casserole une pincée de farine qu'on mouille peu à peu avec un verre de vin rouge, on y met quatre à cinq échalottes, persil, ciboules, le tout haché, avec sel et gros poivre ; on fait bouillir deux ou trois bouillons, et réduire au point d'une sauce liée, on y met le foie, seulement pour le faire chauffer sans bouillir, et on sert bien chaud, avec une pincée de câpres et un anchois haché.

Tendons de veau à la poulette.

Prenez une poitrine de veau, et coupez-en les tendons en petits carrés de deux à trois pouces; forcez une casserole de petit lard ; mettez dessus vos tendons avec thym, laurier, persil, ciboules, trois ou quatre carottes, autant d'oignons; faites-les cuire en mouillant avec du bouillon. Quand la cuisson est faite, retirez-les du feu ; liez votre sauce avec des jaunes d'œufs, et servez.

Fricassée de veau.

Vous couperez votre viande par petits morceaux, et la laverez bien ; étant bien égouttée, vous la passerez à la poêle ou dans une bassine, avec beurre frais ; étant bien fricassée, vous mettrez bouillon, sel, poivre, laurier, oignons entiers et un peu de thym, vous la ferez cuire à petit feu ; quand vous serez prêt à servir, mettez jaune d'œuf délayé avec verjus et persil menu, remuez le tout ensemble, laissez lier la sauce et servez.

Blanquette de veau, en entrée.

La blanquette se compose ordinairement du restant d'un rôti de veau à la broche, coupez-le par tranches minces, mettez les morceaux dans une casserole avec du beurre frais, une pincée de farine, sel, poivre, petit bouquet de persil et ciboules, un peu de laurier ; faites revenir le tout ensemble, et mouillez avec du bouillon ; faites bouillir doucement cinq minutes ; servez à courte sauce, avec une liaison de jaunes d'œufs et un filet de vinaigre.

Gasconnade.

Lardez un gigot d'une douzaine de gousses d'ail et d'une douzaine d'anchois en filets, faites-le rôtir à la broche et le servez sur le ragoût suivant : épluchez plein un litron de gousses d'ail, faites-le blanchir à plusieurs bouillons ; lorsqu'il sera presque cuit, retirez-le et le jetez dans l'eau fraîche ; égouttez-le. Mettez dans une casserole un verre de bon bouillon et du jus, avec du coulis, si vous en avez ; jetez-y votre ail, faites-le réduire et servez sous votre gigot. Les naturels de la Gascogne aiment beaucoup ce mets; nous croyons devoir en donner la recette parce qu'il y a des Gascons par-tout.

Manière de prép●rer un Gigot de mouton de façon qu'il ne diffère en rien d'un Gigot de chevreuil.

Prenez un beau gigot de mouton; ôtez-en la graisse et les nerfs, comme on fait au chevreuil, ensuite lardez-le avec de gros lard, assaisonné de sel et de fines épices, et mettez-le dans une terrine assez spacieuse, avec trois gousses d'ail, quelques oignons, trois à quatre clous de girofle, laurier, fines herbes et de gros poivre, on verse dessus autant de vinaigre qu'il en faut pour que le gigot en soit presque couvert. Si votre vinaigre est trop fort, vous le tempérerez avec un peu d'eau. Couvrez votre terrine et laissez mariner votre gigot pendant deux ou trois jours, ayant soin de le retourner chaque jour d'un autre côté. On le met ensuite dans une lèche-frite, dans laquelle vous l'arroserez de tous côtés avec du beurre fondu, un verre de sa marinade et deux verres de bon vin rouge, on le fait cuire au four, ou, si on aime mieux, on le mettra à la broche, en l'arrosant de la même manière. Vous vous convaincrez que ce gigot possède tout ce qu'un gibier a de plus délicat.

Gigot de mouton à la Kretschmer. (*Rôt*)

Commencez par enlever, avec un couteau bien affilé, la pellicule qui couvre le gigot, et qui forme une sorte de parchemin; désossez-le, si vous ne l'avez déjà fait désosser par le boucher; prenez une demi-livre de beurre frais ou un quarteron, si le gigot est petit, manié de sel, poivre, persil, ciboules hachées, une pincée de farine; faites du tout une espèce de saucisse roulée que vous introduisez dans le creux du gigot, à la place de l'os. Embrochez-le et le faites tenir avec des brochettes et de la ficelle. Avant de le mettre au feu, il faut le saupoudrer de sel et de poivre, et le paner de la manière suivante : enduisez-le abondamment d'huile, de graisse ou de beurre tiède, et roulez-le dans la mie de pain bien fine, de manière à ce qu'il y en tienne le plus possible; saupoudrez-le encore d'autant de farine qu'il en pourra tenir, mettez-le au feu et faites tourner la broche doucement. Saupoudrez encore de farine pendant qu'elle tourne; il est essentiel d'observer que l'on ne doit pas arroser ce rôti comme on fait pour tous les autres. La mie de pain, la farine et la graisse se lieront parfaitement à la cuisson, et formeront une croûte de la plus grande utilité, puisqu'elle empêchera l'évaporation des sucs de la viande.

Quand ce précieux gigot sera servi et que le couteau l'aura entamé, les convivés verront avec un sentiment tout-à-fait délectable, couler des torrens de jus, et nous prévoyons déjà quelle sera leur reconnaissance pour l'inventeur de ce mets délicieux. Aussi regardons-nous comme un devoir d'offrir son nom à l'admiration des gastronomes présens et futurs.

Gigot de mouton aux cornichons.

On frappe d'abord bien le gigot, pour le rendre plus tendre, on le met ensuite dans une casserole avec quelques oignons, fines herbes et épices au goût, du sel et suffisamment d'eau. Couvrez la casserole et faites cuire votre gigot. Quand il sera assez tendre, vous enleverez la graisse qui surnage, et vous la mettrez avec du beurre dans une autre casserole, dans laquelle on fait prendre au gigot une belle couleur brune : étant à ce point, vous y verserez autant du premier bouillon dégraissé qu'il en faut pour la sauce, avec un peu de vinaigre, puis une partie de cornichons ou concombres fendus en quatre. Le tout ayant assez bouilli ensemble, on lie la sauce avec quelques jaunes d'œufs, et on sert bien chaud.

Gigot de mouton à l'oseille.

On prépare son gigot de la même façon que ci-dessus, mais au lieu de cornichons on prend quelques poignées d'oseille hachée, qu'on fait cuire avec une cuillerée de beurre dans une casserole bien couverte ; étant assez cuite, on y ajoute quelques cuillerées de bonne crême, on la lie avec quelques jaunes d'œufs, une pincée de farine et du jus de mouton ; après quoi on met la sauce d'oseille dessus le gigot, et on sert.

Mouton à la daube.

Battez bien votre gigot de mouton, et ôtez la peau et le manche, lardez le bien avec du lard assaisonné, ensuite vous le mettrez dans un pot ou marmite étamée, avec bouillon, sel, poivre, force laurier, thym, quelques tranches de citron ou d'orange : quand il sera à moitié cuit, vous y mettrez une chopine de vin pour un gigot, faites-le presque tarir ; étant cuit de cette sorte, vous le tirerez à sec, et le laisserez refroidir (car on le sert ordinairement froid). Prenez garde que votre lard soit dans l'intérieur, afin que vos tranches soient bien marbrées.

Rouelles de mouton.

Vous les accommoderez de même que celles de veau ; mais il faut les faire cuire plus long-temps, et y mettre du vin quand elles seront à moitié cuites. Quelques pelures de citron vert y font un bon effet, aussi bien qu'à la daube ci-dessus.

Lièvre en civet.

Coupez-le par membres, gardez le sang, s'il y en a, faites-le cuire dans une casserole avec un morceau de beurre, un bouquet de persil et de l'oignon en tranches ; quand il sera bien passé, mettez-y une bonne pincée de farine, sautez-le, mouillez avec du bouillon, une chopine de vin, assaisonnez de sel, poivre, feuille de laurier et quelques clous de girofle ; quand il est cuit, si vous avez de son sang, mettez-le dedans et faites lier la sauce sur le feu, comme une liaison, et servez à courte sauce.

Lapin en gibelotte.

Coupez un lapin par morceaux, faites un roux avec une cuillerée de farine et un morceau de beurre, mettez dedans les morceaux de lapin avec le foie, passez sur le feu et mouillez avec un verre de vin rouge et un verre d'eau, un bouquet de persil, ciboules, thym, laurier, sel, poivre, et du lard coupé en dés. Faites cuire à petit feu, une demi-heure après ajoutez une douzaine de petits oignons et champignons, si vous en avez. Avant de servir, ôtez le bouquet, dégraissez la sauce et servez bien chaud.

Quartier d'agneau pané et rôti.

Prenez un quartier d'agneau, piquez-le de petit lard du côté de la peau, et saupoudrez fortement l'autre partie de mie de pain. Pour que le feu ne le saisisse pas trop vivement, couvrez-le de papier pour le mettre à la broche. Quand il est presque cuit, vous le retirez du feu, vous saupoudrez une seconde fois la partie non lardée de mie de pain assaisonnée de sel et persil haché très-menu; approchez ensuite votre quartier d'agneau d'un feu très-vif pour lui donner de la couleur, et servez avec un filet de vinaigre.

Pigeons délicats.

On flambe et on vide cinq ou six pigeons de moyenne grosseur; on laisse leurs pattes dans leur longueur; on larde toute la chair en travers de petits lardons de truffes, on les fait revenir dans la casserole, avec trois cuillerées d'huile excellente, un peu de truffes hachées, persil, ciboules, sel, gros poivre; on les met avec tout leur assaisonnement dans une casserole foncée de tranches de veau et de jambon : on les couvre de bandes de lard et d'une feuille de papier, on les fait suer sur la cendre chaude une demi-heure, on y met ensuite un demi-verre de bon vin blanc, avec autant du meilleur bouillon gras, on dégraisse et on achève de cuire, on ajoute un peu de coulis, on fait réduire au point d'une sauce, on la passe au tamis et on la sert sur les pigeons, après y avoir exprimé un bon jus de citron.

Pigeons en compote, à la bourgeoise.

On prend des petits pigeons, on les fait blanchir, on leur ôte le cou et les ailes; après les avoir épluchés, on les met dans une casserole, avec quelques champignons, un bouquet de persil, ciboules, une gousse d'ail, deux clous de girofle, du basilic, un morceau de bon beurre; on les passe sous le feu, on y met une bonne pincée de farine, on mouille avec du bouillon et du jus, si on en a; on y mêle ensuite un verre de vin blanc, sel, poivre; on laisse cuire et réduire à courte sauce: quand on a bien dégraissé sa compote, on la sert avec un bon filet de vinaigre blanc, en observant qu'elle soit d'un bon sel, et cuite à propos.

Pigeons en compote fine.

On a six petits pigeons, dont on met à part le sang, dans lequel on met, pendant qu'il est encore chaud, un peu de jus de citron, qu'on mêle dedans: on les échaude, on les vide, on leur trousse les pattes dans le corps, on les fait blanchir et on les met dans une casserole, avec un ris de veau blanchi, des champignons, un morceau de beurre frais, une bonne tranche de jambon, un bouquet d'herbes fines, une petite gousse d'ail, deux clous de girofle : on passe le tout sur le feu, en poudrant de farine, on mouille avec un verre de jus de veau et autant de vin blanc; on assaisonne de sel et de gros poivre : à la moitié de la cuisson, on y met quelques petits oignons presque cuits dans du bouillon. En finissant on délaye deux jaunes d'œufs, avec deux cuillerées de jus de veau et deux cuillerées de coulis qu'on mêle avec le sang des pigeons qu'on a mis à part; on mêle cette liaison dans le ragoût, qui doit être à courte sauce : on fait lier sur le feu sans bouillir, et on sert ces pigeons bien chauds.

Pigeons à la crapaudine.

On fend les pigeons par-derrière, on les applatit sans beaucoup casser les os, on les frotte avec de l'huile, sel, gros poivre, persil, ciboules, le tout haché : on leur donne le plus possible d'assaisonnement, on les pane avec de la mie de pain, on les met sur le gril pour cuire à petit feu ; quand ils ont pris une belle couleur dorée, on les sert avec une sauce faite avec du verjus ou vinaigre, sel, poivre, échalottes hachées, le tout mêlé de bonne graisse du pot, ou d'un peu de beurre.

Fricassée de poulets.

On prend deux poulets communs, bien charnus : après les avoir bien nettoyés, à la manière accoutumée, on les coupe en morceaux et on les met, avec les têtes, ailes, foies, etc. dans une casserole, avec un bon morceau de beurre, bouquet de persil, une feuille de laurier, un peu de thym, deux clous de girofle ; on passe le tout sur un bon feu ; jusqu'à ce que la sauce soit presque tarie ; on mouille la fricassée avec un peu d'eau chaude, on l'assaisonne de sel, poivre, on fait cuire et réduire à courte sauce. Lorsqu'on est prêt à servir, on y met une liaison de trois œufs qu'on délaie avec du lait, ou mieux avec de la crême ; on fait la liaison sur le feu, sans la faire bouillir, parce que la sauce tournerait : on y met, soit du jus de citron, soit un filet de vinaigre blanc ou du verjus, et on sert la fricassée.

Avec toutes les autres volailles, ainsi qu'avec du veau, on peut faire la même fricassée.

On peut aussi compliquer et améliorer davantage cette fricassée, en y ajoutant des truffes, des morilles, des queues d'écrevisses, des câpres, des petits boulets faits avec du hachis, etc., selon le goût et la dépense que l'on veut y mettre.

Poularde galante.

On trousse une poularde en poule; après l'avoir flambée, épluchée et vidée, on la coupe en deux et on la fait mariner pendant une heure, avec deux cuillerées de bonne huile et un morceau de beurre, sel, gros poivre, fines herbes, truffes, champignons, échalottes, le tout haché très-fin. On enveloppe chaque morceau de poularde dans deux doubles de papier, avec tout son assaisonnement; on la fait cuire lentement au feu sous un couvercle de tourtière, entre deux cendres chaudes: on ramasse ensuite toutes les fines herbes qui tiennent après le papier, la poularde et le jus qu'elle a rendu, et on les met dans une casserole, avec un peu de bon bouillon et deux cuillerées de coulis ; on fait prendre deux bouillons, on dégraisse et on sert la poularde, en exprimant dessus un bon jus de citron.

Poularde à la duchesse.

Flambez, videz et troussez les pattes dans le corps, passez la au feu avec beurre, persil, ciboules, champignons, le tout haché, sel et poivre ; mettez-la dans une casserole foncée de tranches de veau avec tout son assaisonnement ; couvrez de bandes de lard, mouillez de bouillon, faites cuire à petit feu ; prenez le fond de la sauce, mettez-y une liaison de jaunes d'œufs, faites lier sur le feu, dressez sur la poularde, et servez avec jus de citron ou vinaigre.

Cuisses de dindon réveillantes.

On met deux cuisses de dindon cuites à la broche, dans une casserole, avec un bon verre de vin blanc, un verre de bon bouillon, sel, gros poivre, un bouquet d'herbes fines, une demi-gousse d'ail, deux clous de girofle ; on les fait cuire une heure et réduire toute la sauce : ensuite on les met sur le plat qu'on doit servir, et on les garnit avec le ragoût suivant :

On met dans une casserole un ris de

veau blanchi et coupé en dés, persil, ciboules hachées, avec un morceau de bon beurre; on passe sur le feu, on poudre de farine, et on mouille avec un verre de bouillon, et un demi-verre de vin blanc : on fait bouillir à petit feu pendant une heure, on dégraisse et on y met des enchois et des câpres hachés, une poignée d'olives, qu'on a retournées pour en ôter le noyau; on fait chauffer, sans bouillir, et on sert.

Oie en daube.

Epluchez, videz, flambez, troussez les pattes dans le corps, piquez de lard assaisonné et manié avec du persil, ciboules, une demi-gousse d'ail, le tout haché, thym, sel, poivre, un peu de muscade rapée; ainsi préparée, vous la ficelez et la mettez dans une daubière avec deux verres d'eau, autant de vin blanc, carottes, oignons, bouquet garni, une feuille de laurier, sel, poivre : couvrez bien la marmite et faites cuire à très petit feu pendant trois ou quatre heures. La cuisson faite et la sauce très-courte pour qu'elle puisse se mettre en gelée, dressez la daube dans son plat; quand elle sera presque froide, mettez la sauce par dessus, et ne servez que quand elle sera tout à fait gelée.

Canard à la bourgeoise.

Flambez, épluchez et videz un canard; piquez-le de gros lard, faites cuire à petit feu avec un peu de bouillon, un verre de vin, un bouquet de persil, ciboules, clous de girofle, laurier, sel, poivre; dégraissez la sauce et passez au tamis; faites réduire, si elle est trop longue; servez sur le canard.

Oies et canards de différentes façons.

On peut aussi apprêter les oies et les canards indistinctement de plusieurs manières, soit entières ou en parties, comme les ailes ou les cuisses, ou abattis, en les faisant cuire dans une bonne braise, avec un ragoût de navets, de petits oignons, etc. On les peut servir aussi aux purées de pois, de lentilles, d'oignons et de pommes de terre pour ceux qui les aiment. Vous les servez aussi avec différentes sauces, comme sauce Robert, sauce à la ravigotte, sauce piquante; de même qu'en les réchauffant, vous pourriez les servir avec la sauce suivante :

Sauce à pauvre homme.

Hachez cinq ou six échalottes et du

persil ; mettez dans une casserole du bouillon, du jus ou de l'eau, une cuillerée de vinaigre, sel, poivre ; faites bouillir jusqu'à ce que les échalottes soient cuites. Liez, si vous voulez, avec de la rapure de pain. On se sert ordinairement de cette sauce pour réchauffer des restes de rôti.

Rôties en jambons.

On coupe autant de tranches de jambon très-minces, que l'on veut faire de rôties (en observant, si le jambon est vieux, de le faire dessaler auparavant un peu dans l'eau), on les met suer dans une casserole, jusqu'à ce qu'elles commencent à s'attacher, et alors on les en retire : on a ensuite autant de tartines de pain qu'on a de tranches de jambon, on les fait frire dans le gras du jambon : on les dresse ensuite sur le plat avec les tranches du jambon dessus, on les tient bien chaudes : on met, dans la même casserole, deux cuillerées de bon bouillon, un peu de coulis, un filet de vinaigre et du gros poivre ; on fait bouillir un ou deux bouillons ; on détache ce qui tient à la casserole ; on verse sur les rôties, et on les sert chaudes.

Pain de jambon, très-friand.

On coupe des tranches de jambon cuit ; quant à la graisse et aux rognures de jambon, on les hache avec de fines herbes et on en fait un hachis.

Ensuite on étend de la pâte de pain blanc avec un rouleau, on la coupe en rond sur une platine de fer-blanc ; on y met d'abord une couche de hachis, puis une couche de tranches de jambon, et continuant ainsi alternativement, on lui donne la forme d'un pâté qu'on finit de couvrir avec de la pâte de pain. On le met dans un four chaud, on l'y fait cuire une heure ou deux, selon la grosseur, et on sert froid. Ce pain de jambon remplace très-bien les pâtés de jambon.

Andouilles fines.

On fait blanchir des fraises de veau ou d'agneau ; on les coupe en filets, avec de la pane de porc frais, qu'on mêle avec des filets de truffes cuites au vin blanc ; on assaisonne avec un peu d'anis pilé, du sel fin et fines épices ; on met tout cela dans des boyaux bien propres, et on les fait cuire dans du lait et du bouillon bien gras, avec un bouquet de fines herbes, tranches d'oignons, sel et poivre. On les laisse refroidir dans la cuisson, et on sert rôti sur le grille, avec un bon jus de citron et de la fine moutarde à l'estragon.

Saucisses truffées.

On hache très fin de la rouelle de veau et de la chair de porc frais, selon le nombre de saucisses qu'on veut faire, on coupe en dés autant de moëlle de bœuf: on hache de même quatre ou cinq truffes cuites dans du vin; on mêle le tout ensemble et on l'assaisonne de sel et d'épices fines : on forme ces saucisses sur des morceaux de crépines, ou dans des boyaux; on fait griller à un feu doux, et on sert avec un jus de citron.

Grillades délicates.

Prenez de la rouelle de veau, ou de la tranche de bœuf, ou du gigot de mouton, ou du cochon, coupez-les de la largeur de quatre doigts, de l'épaisseur d'un demi-pouce; faites mariner avec un peu d'huile, ail, poivre, persil, ciboules, échalottes, le tout haché; passez un peu sur le feu dans une casserole, et laissez refroidir. Faites ensuite autant de caisses de papier que vous avez de morceaux de grillades; frottez-les par-tout avec de l'huile, mettez les grillades dedans, avec leur assaisonnement dessous et dessus, faites cuire à petit feu sur le gril couvert d'une feuille de papier ; à mesure qu'elles cuisent, mettez-y un peu de chapelure ; la cuisson faite, mettez-y un filet de vinaigre ; servez avec la caisse.

POISSONS.

Anguille des gourmands.

On met cuire des tronçons d'une belle anguille entre des tranches de veau et de jambon amincies, avec un bouquet de persil, ciboule, une gousse d'ail, deux clous de girofle, un bouquet d'herbes fines, une feuille de laurier, fort peu de sel, gros poivre, dans une chopine de bon vin blanc ; la cuisson faite, on retire l'anguille, et on met dans la casserole quelques cuillerées de bon coulis, pour faire bouillir quelques bouillons, qui doivent la réduire au point d'une sauce ; on la dégraisse et on la passe au tamis ; on a ensuite une demi-livre de petit lard fin, qu'on coupe en petites tranches minces et qu'on met suer jusqu'à parfaite cuisson, dans une casserole ; on les met ensuite avec l'anguille dans la sauce ; on fait chauffer, sans bouillir, et on y exprime un jus de citron, en servant chaud.

Anguilles rôties.

Vous couperez vos anguilles par tronçons et les mettrez dans une terrine, avec sel et poivre, pour leur ôter le mauvais goût, et laisserez une heure; ensuite vous les ferez rôtir sur le gril : faites-les bien cuire ; faites une sauce relevée avec vinaigre, sel, poivre, qu'elle soit bien liée, et servez.

Anguilles fricassées.

Vous couperez vos anguilles par rouelles, et après les avoir laissées pendant une heure dans une terrine, avec du sel, vous les laverez, essuyerez et les ferez frire à la poêle demi-roux, et quand elles seront bien tendres, vous y mettrez sel, poivre, tranches d'oignon, girofle, vin, un peu de bouillon et les ferez mitonner dans une casserole ; quand vous serez prêt à servir, vous y mettrez une demi-tasse de câpres ; faites donner un bouillon ou deux, ensuite liez la sauce avec jaune d'œuf et verjus, ou à défaut de verjus, un peu de crême; mêlez le tout ensemble et servez à courte sauce.

Brochet au court-bouillon.

Ecaillez, videz et lavez bien votre brochet, mettez-le dans un chaudron avec de l'eau, ou du vin si vous voulez, sel, laurier oignons, gros poivre et un peu de thym si vous l'aimez; faites cuire à grand feu et faites presque tarir; levez ensuite votre poisson et servez-le à sec avec son court-bouillon : mais je crois que c'est le mieux de faire une sauce avec beurre, poivre, vinaigre et un peu de son court bouillon; vous pouvez y mettre des câpres, pour relever le goût.

Barbeaux au court-bouillon.

Vous les viderez et écaillerez comme les brochets et les ferez cuire de même; étant cuits vous leur ferez une sauce comme il est indiqué ci-dessus. En les servant, il est d'usage de raper des chapelures de pain pardessus.

Brochets frits.

Ecaillez vos brochets et les fendez par le dos, videz-les, mettez en place des entrailles un bouquet de persil dans chaque poisson, et poudrez sel et poivre pardessus. Quand votre friture sera bien chaude, vous farinerez vos brochets et les ferez frire; servez-les sortant de la poêle, avec verjus ou jus de citron; on peut les garnir de quelques tranches de citron; l'orange y est aussi très-bonne.

On ne frit ordinairement que les petits brochets; les gros sont mieux au court-bouillon. On peut aussi les préparer d'une des deux manières suivantes : ils seront alors très-délicats.

Brochet au plat (morceaux délicieux).

Nettoyez et lavez bien un brochet de moyenne grosseur, coupez-le en morceaux convenables, ensuite posez un plat d'étain sur un réchaud rempli de feu de charbon: mettez-y deux cuillerées de bon beurre: quand il est fondu, mettez-y des échalottes, deux à trois anchois, quelques fines herbes, le tout haché très fin, deux feuilles de laurier, clous de girofle, gros poivre. Cela fait, on arrange les morceaux de brochet dessus; on y sème du sel, on fait cuire dans ce plat, bien couvert, pendant un quart d'heure, puis on retourne les morceaux; on y ajoute encore un morceau de beurre, un verre de vin blanc et quelques tranches de citron ; on recouvre le plat et on achève la cuisson pendant un quart d'heure, après quoi on y ajoute quelques cuillerées de câpres fines, autant d'eau chaude, un peu de mie de pain blanc, râpée bien fine, faites prendre encore deux bouillons, et servez dans ce même plat.

Brochet gourmand.

Mettez dans une casserole l'herbe et la racine du persil, une pincée de poivre en grains, autant de girofle, échalottes, petits oignons, quelques feuilles de laurier et du sel ; arrangez vos morceaux de brochet dessus ; semez du sel, et versez-y autant d'eau bouillante que le poisson en soit presque couvert ; puis faites bouillir sur un feu très-vif, ayant soin de bien écumer : un quart d'heure après, on y ajoute du beurre et quelques tranches de citron, on fait bouillir encore un quart d'heure ; ensuite on fait une liaison de jaunes d'œufs, de farine, et un verre de vin blanc : on lie la sauce du poisson, et après quelques bouillons encore, on sert.

Carpes au court-bouillon.

Vous leur ôterez le fiel et couperez

par tronçons, sans écailler ; rangez-les ensuite dans votre casserole avec laurier, oignons, quelques grains de poivre, deux clous de girofle, sel, une croûte de pain bis, une ou deux tranches de citron et un peu de thym, si vous voulez ; versez ensuite du vin dessus, et n'oubliez pas d'y mettre un bon morceau de beurre frais ; faites cuire à grand feu et laissez presque tarir. Quand votre poisson sera bien tendre et la sauce presque tarie, vous leverez vos tronçons et les rangerez proprement dans un plat, avec leur court-bouillon dessus.

On peut aussi les servir à sec et y mettre une sauce faite avec vinaigre, beurre, poivre, un peu de leur court-bouillon, auquel on peut ajouter quelques câpres.

Carpes frites.

Ecaillez vos carpes et fendez-les par le dos, saupoudrez-les avec sel et poivre en dedans et en dehors ; quand votre friture sera bien chaude, vous farinerez vos carpes et les ferez frire ; en sortant de la poêle, servez-les de suite, après avoir exprimé un jus de citron ou d'orange dessus ; à défaut de ces fruits, on peut y mettre un filet de verjus ou de vinaigre.

Étuvée de carpe.

Vous écaillerez vos carpes, ôterez le fiel et les ouïes, prenant garde de ne point arracher la langue; ensuite vous couperez vos pitances et les arrangerez dans votre casserole avec beurre, sel, poivre en grains, girofle, laurier, écorce de citron vert, vin rouge et petites croûtes de pain. Faites cuire sur la braise, et réduire à courte sauce. Quand votre poisson sera bien cuit, vous arrangerez avec précaution les morceaux sur le plat, et servirez avec la sauce dessus.

Carpes désossées.

Assommez vos carpes, écaillez-les, et les fendez par le dos, depuis la tête jusqu'à la queue, rien que la peau, et que la tête et la queue tiennent ensemble par la grande arrête. Otez avec précaution toute la chair, que vous hacherez bien menue avec beurre frais, sel, poivre, girofle battu, persil haché et un œuf frais; le tout étant bien mêlé et assaisonné, vous remplirez vos carpes et les coudrez; étant cousues, vous les ferez frire dans la poêle; étant bien rousses des deux côtés, vous les mettrez dans votre bassine avec peu de vin, sel, poivre, laurier, oignons entiers et fines herbes; un quart d'heure avant de servir, vous y mettrez un peu de farine pour lier la sauce ; si vos carpes sont laitées, vous mettrez cuire vos laitances dans la même bassine ; servez-les promptement.

Tanches fricassées.

Vous mettrez vos tanches dans l'eau bouillante pour les nettoyer, et les viderez ; quand elles seront bien nettes, vous les couperez par rouelles bien proprement et les passerez à la poêle avec beurre à demi-roux ; quand elles seront bien fricassées, vous y mettrez sel, poivre, ciboule entière, girofle, vin, un peu de bouillon et une feuille de laurier, vous les ferez mitonner dans une bassine ; quand vous serez prêt à servir, vous verserez jaune d'œuf délayé avec verjus et remuerez le tout ensemble ; saupoudrez avec persil menu par-dessus en servant.

Saumon frais rôti.

Coupez votre saumon par rouelles, et frottez-les avec du beurre frais fondu, mettez chaque rouelle sur un morceau de papier également enduit de beurre, et faites-les rôtir sur le gril. Quand vos rouelles seront bien cuites, vous y ferez une sauce avec beurre, vinaigre, vin, câpres, sel, poivre et des chapelures de pain par-dessus vos plats en servant.

Saumon frais au court-bouillon.

Vous couperez votre saumon par rouelles et les arrangerez dans votre casserole, avec laurier et tranches de lard, comme il en faut pour couvrir le fond de votre casserole : arrangez vos rouelles par-dessus, et entre deux rouelles il en faut encore mettre, car le saumon s'attache plus que tout autre poisson : vous ferez votre court-bouillon comme celui du brochet, et le servirez avec son court-bouillon, ou bien à la poivrade ; il est très-bon. Pour l'avoir encore plus délicat, on le sert avec la sauce suivante :

Sauce hollandaise.

Faites bouillir ensemble une demi-bouteille de vin blanc, trois ou quatre tranches de citron, une cuillerée de beurre frais et un morceau de sucre ; quand cela aura bien bouilli pendant quelques instans, vous mettrez dans une écuelle une demi-cuillerée de beurre frais, un peu de farine et deux œufs ;

mêlez bien ensemble, et quelques momens avant de servir, vous délayerez votre sauce avec.

Jambon de carême.

On prend un beau saumon frais de moyenne grandeur et d'une belle couleur rouge ; on le nettoie bien, on en tire la peau proprement sans la découper, on détache la chair, sans briser l'arrête qu'on doit conserver dans toute sa longueur, en ôtant seulement la tête et la queue. — On hache cette chair de saumon avec quelques échalottes, fines herbes et épices, un peu de sel et un peu de poivre : on ajoute à ce hachis un ou deux œufs entiers, et trois à quatre blancs, pour en faire une pâte maniable. Ensuite on prend la grosse arrête du saumon, on l'entoure de cette pâte, de manière qu'elle ait la forme d'un jambon. Pendant ce temps-là on a fait un autre hachis avec du poisson blanc, comme anguilles, brochets, etc. On tâche d'avoir ces poissons bien gras, on mêle ce hachis avec du beurre frais ; trois à quatre blancs d'œufs, un peu de sel, et fort peu d'épices ; on met de cette pâte blanche autour de la précédente, gros comme un bon pouce, pour imiter le gras du jambon. Votre jambon étant ainsi formé, on le pose avec précaution dans une tourtière assez grande et bien beurrée, le côté blanc en haut; on l'arrose de beaucoup de beurre fondu; et on le fait cuire feu dessus et dessous. Cela étant fait, on couvre proprement ce jambon avec la peau du saumon, on l'appuie par tout avec la main, pour qu'elle s'attache par-tout, comme une couenne, dont on lui donne la couleur avec une pelle rouge qu'on promène lentement et fort proche dessus la peau.

Cela étant fait, on le met dans un endroit frais, et on le sert froid, avec une sauce à la fine moutarde, ou avec de l'huile et du vinaigre. — On peut aussi le servir chaud : cela dépend du goût; mais alors on ne peut pas le couper aussi proprement en tranches.

ŒUFS, CRÊMES, LAITAGE ET LÉGUMES.

Œufs au pain, à la romaine.

Mettez tremper de la mie de pain

blanc dans du lait pendant deux ou trois heures, passez ensuite le tout par une passoire très-fine; ajoutez-y un peu de sucre et de citron confit, haché, un peu d'eau de fleur d'orange; cassez le jaune de huit à dix œufs, le tout étant mêlé avec la mie de pain, on fouette les blancs d'œufs en neige ; après avoir bien mêlé le tout ensemble, on met cette pâte dans une casserole bien beurrée, on fait cuire feu dessus et dessous. Etant cuit, on renverse sur un plat et on sert.

On peut aussi mettre du fromage râpé dans la pâte, avant de la faire cuire.

Œufs au lait.

Pour chaque personne vous mettrez un œuf et demi que vous battrez bien; étant battus, pour douze personnes, il faut trois chopines ou un litre et demi de lait, ajoutez-y deux onces de macarons concassés, ou si vous aimez mieux, deux onces d'amandes épluchées et pilées; mais les macarons valent mieux ; fouettez le tout ensemble; faites roussir du beurre dans une poêle et le versez dans votre plat, versez vos œufs dedans, mettez ce plat dans une tourtière, et faites-y du bon feu dessus et peu par-dessous ; quand ils commencent à prendre, il faut ôter le feu de dessous ; vous prendrez garde qu'ils ne soient trop cuits : vous pouvez y mettre du sucre : n'oubliez pas d'y mettre un grain de sel. — En servant ce plat, on le saupoudre ordinairement avec du sucre.

Œufs brouillés de Provence.

On hache trois ou quatre anchois bien lavés, on les met dans une casserole avec une cuillerée de coulis, dix jaunes d'œufs, les blancs de six, du gros poivre, peu ou point de sel, et on les brouille sur le feu, on ne les fait cuire qu'aux trois quarts ; on les dresse sur le plat, et on les saupoudre de fromage de Gruyère râpé, sur lequel on promène la pelle rouge, pour les glacer, et on sert.

Omelette italienne.

On casse douze œufs dans lesquels on met du fromage de Gruyère rapé, du gros poivre, point de sel ; on en fait quatre omelettes : à mesure qu'elles sont cuites on les étend sur un couvercle, on y met du fromage râpé, on les roule et on les dresse sur le plat, on mouille tout le dessus avec du beurre, on saupoudre avec du fromage, on met ensuite ces omelettes au four, pour les glacer, et on sert.

Omelette à la célestine.

Vous casserez vos œufs dans une bassine, et les battrez avec du beurre fondu, un peu de sel, mie de pain, un peu de vin blanc; vous enduirez votre tourtière de beurre; saupoudrez de mie de pain par-dessus, puis après versez-y vos œufs et faites bon feu par-dessus et un peu par-dessous. Observez de la faire bien cuire, le tout dépend de la cuisson. Servez votre omelette bien chaude : vous pourrez la saupoudrer de sucre.

Omelette rouge.

On met dans une casserole un verre de sang de volaille, soit de poulets, poulardes ou d'agneau, avec douze œufs, un demi-verre de crême, du basilic en poudre, une petite pincée de coriandre pilée, sel et gros poivre; on y ajoute gros comme un œuf de bon beurre par petits morceaux; on fouette le tout ensemble, on finit son omelette comme à l'ordinaire, et on la sert bien chaude.

Il y en a qui y ajoutent des petits filets de jambon, coupés en petits dés, ce qui la rend encore plus succulente.

Omelette royale.

On délaye avec deux œufs, deux cuillerées de farine de ris; on y met un demi quarteron de sucre et un peu de sel, une chopine de crême et un morceau de beurre : on fait cuire et bien lier comme une frangipane; étant presque froide, on y met un citron confit, des macarons, des fleurs d'orange pralinées, le tout haché fin, avec dix jaunes d'œufs, dont on fouette bien les blancs; on garnit le dedans d'une casserole avec du papier blanc bien beurré ; on y met toute la composition, et on fait cuire au four.

La cuisson faite, on renverse sa casserole sur le plat, on ôte le papier et on sert bien glacé de sucre.

Macaroni à la Gobert, ou à l'italienne.

Prenez une demi-livre de macaroni et mettez-le dans une casserole avec assez d'eau pour qu'il baigne dedans, sel, poivre, et une once ou deux de beurre ; faites bouillir jusqu'à ce qu'il n'y ait plus d'eau, rapez une demi livre de vieux fromage de Gruyère ou de Parmesan, mettez-le dans le macaroni avec une once de beurre; sautez le tout ensemble jusqu'à ce que le fromage soit bien fondu ; prenez une autre casserole, graissez-la de beurre tout autour et dans le fond ; garnissez-la ensuite d'une couche de pate de pâté ou de galette (voyez cet article) de l'épaisseur de deux lignes environ ; mettez dedans votre macaroni et couvrez-le d'un plateau de pate de même épaisseur ; faites cuire sur un feu très-doux ; couvrez la casserole d'un couvercle et mettez du feu dessus ; laissez cuire pendant une demi heure au moins ; quand la cuisson est faite, renversez sur le plat que vous devez servir votre macaroni, qui se trouve avoir la forme d'un biscuit de Savoie, et qui sera d'un goût exquis.

Gâteau au riz, chaud.

On fait une bonne et très-épaisse bouillie avec une demi-livre de riz et une pinte de bon lait ; on la laisse tout à fait refroidir. Ensuite on met dans un plat profond une demi livre de bon beurre, que l'on bat bien, jusqu'à ce qu'il soit réduit en crême ; on y ajoute pour lors sept jaunes d'œufs, la bouillie de riz, trois onces de sucre en poudre, une demi-once d'amandes amères épluchées et pilées, et une pincée de sel; on mêle bien le tout ensemble; on y ajoute ensuite les sept blancs d'œufs fouettés en neige. La composition ainsi finie, on la verse dans une profonde casserole sans manche, bien beurrée, et on cuit sous une tourtière, feu dessus et dessous, ou dans un four. Ayant une belle couleur brune, on le sert tout chaud dans la même casserole; on a coutume de saupoudrer auparavant avec du sucre et de la cannelle, ou on l'accompagne d'une bonne sauce à la crême qui se fait de la manière suivante :

Sauce à la crême.

On fait bouillir, avec une chopine d'excellente crême, une once de sucre et une once de macarons amers en poudre. Après quelques bouillons, on lie avec deux jaunes d'œufs, et on sert dans une saucière.

Crême ordinaire à la fleur d'orange.

Faites bouillir une pinte de lait avec six onces de sucre; délayez ensemble huit jaunes d'œufs et trois blancs avec trois cuillerées d'eau de fleur d'orange; retirez votre lait du feu et passez au tamis; mettez dedans vos œufs, mêlez bien, dressez dans le plat que vous devez servir, et mettez-le sur une casserole remplie d'eau bouillante, jusqu'à ce que votre crême soit prise; glacez avec du sucre et une pelle rouge; laissez refroidir et servez.

Crême vierge, ou crême fouettée.

Il faut prendre cinq blancs d'œufs frais, les bien fouetter en neige, on y ajoute alors les cinq jaunes, une chopine de crême ou du bon lait, un peu d'eau de fleur d'orange, du sucre en poudre, une once de macarons et un morceau de cannelle; fouettez bien le tout dans une casserole sur le feu; mais aussitôt qu'il commence à bouillir, on le verse dans un plat ou dans des tasses, que l'on mettra ensuite au bain-marie pour la faire prendre. Avant de servir, vous dorez votre crême avec une pelle rouge.

Crême superfine.

On fait bouillir trois demi chopines de crême bien sucrée, avec du citron vert, de la coriandre et de la cannelle; lorsqu'elle est diminuée d'un quart et à moitié refroidie, on y délaye sept jaunes d'œufs, et on la passe au tamis; cela fait, on y met une bonne tablette de chocolat, des macarons, des citrons confits et des fleurs d'orange prálinées, le tout haché, on fait cuire au bain-marie, et on la sert froide.

Crême fine carrée.

On prend le plat qu'on doit servir, on fait au milieu une croix qui vienne jusqu'aux bords, avec une pâte faite avec de la farine, un jaune d'œuf et la moitié du blanc; on roule cette pâte dans les mains pour l'alonger de la grosseur d'une petite saucisse ronde; on frotte le fond du plat avec du jaune d'œuf, on met la pâte dessus, on la pince pour l'amincir et la faire monter à la hauteur des bords du plat, et on la fait cuire au four.

On fait bouillir ensuite une pinte de crême avec une bonne quantité de sucre, on la fait réduire d'un tiers; on prend un quart de cette crême qu'on délaye avec deux jaunes d'œufs, dans lesquels on mêle une tablette de chocolat râpé, puis on la met dans un coin du plat.

On en prend un autre quart qu'on délaye avec du sucre en caramel et deux jaunes d'œufs passés au tamis, qu'on met dans un autre coin.

On prend ensuite le reste de la crême

dans laquelle on met quatre jaunes d'œufs ; on met ce reste de crême dans les deux autres carrés.

On fait cuire le tout au bain-marie. On sème, en servant, de la nompareille rouge, bleue et verte, sur un des carrés blancs, ce qui forme un carré de différentes couleurs, et on sert.

Fromage à la crême.

Prenez une peinte de bon lait que vous faites tiédir sur le feu; mettez-y, en le remuant, gros comme un pois de bonne présure délayée avec le même lait; faites prendre votre caillé sur un peu de cendres chaudes, en le couvrant; quand il est pris, vous mettez votre caillé dans un petit panier d'osier ou de jonc, que vous pourrez même, au besoin, doubler avec un linge fin et propre; quand il est bien égoutté, vous le dressez dans un compotier, et vous le servez avec de bonne crême et saupoudré de sucre fin.

Hachis de viandes, au plat ou en boulettes.

Prenez telle viande que vous aurez, soit viande de boucherie, volaille ou gibier, cuite à la broche ou autrement, et même de plusieurs mêlées ensemble, hachez le tout très-fin et assaisonnez avec persil, ciboules et oignons hachés, mie de pain et un ou deux œufs battus; mettez votre viande dans une casserole et passez-la au feu avec un morceau de beurre et une pincée de farine; mouillez de bouillon, et laissez mijoter le tout une demi-heure sur un feu doux. Ensuite mettez le hachis sur le plat que vous devez servir, remettez-le sur le fourneau jusqu'à ce qu'il se fasse en gratin, et servez bien chaud.

Si vous voulez en faire des *boulettes*, vous y mêlerez, sur une livre environ de hachis, un quarteron de chair de saucisse et quelques jaunes d'œufs de plus; quelques personnes y ajoutent des ris de veau, truffes et champignons, ou des anchois, cela dépend du goût ou des facultés que l'on a; formez vos boulettes que vous trempez dans du blanc d'œuf, farinez-les, faites-les frire et servez garnies de persil ou avec une sauce convenable.

Hachis de pommes de terre, à la bourgeoise.

Lorsque les pommes de terre sont

cuites et pelées, on les écrase bien ; on les mêle avec un hachis de viande, moitié l'un, moitié l'autre, avec un peu de beurre, sel, poivre, persil, échalottes hachées, un ou deux œufs ; on mêle bien le tout ensemble ; on en fait des boulettes qu'on trempe d'un peu de blanc d'œuf qu'on a réservé ; quand on les a un peu farinées, on les fait frire, et on les sert garnies de persil ou avec une sauce.

Salade de pommes de terre.

Etant cuites et pelées, on les coupe en tranches, on les assaisonne avec de l'huile, du vinaigre, du sel, poivre et des fines herbes ; à la place de l'huile on peut mettre de la crême ; on y mêle, si l'on veut, des cornichons coupés par tranches, des betteraves, des anchois, des câpres et des petits oignons cuits sous la cendre ; cela dépend du goût ou de la dépense qu'on veut faire pour cette salade.

Artichauts frits.

On coupe les artichauts par morceaux, on ôte le foin, on les lave, on les égoutte, et quand on est prêt à les faire frire, on les trempe dans une pâte faite avec une cuillerée de farine, deux œufs, un peu de lait, un filet d'eau-de-vie et un peu de sel; on bat tout cela bien ensemble, on y trempe ses artichauts et on les fait frire dans une friture jusqu'à ce qu'ils aient une belle couleur brune, alors on sert avec du persil frit dessus.

PATE, TOURTES ET PATISSERIES.

Manière de bien arranger les pâtés.

Les pâtés les plus usités en cuisine sont ceux de veau, de dindon, de perdrix, de bécasse, de caneton et de poularde. Quant à ceux aux poissons, etc., nous en parlerons ailleurs. On les fait et assaisonne presque tous de la même manière : dans tous ces pâtés, on peut employer la rouelle de veau pour les garnir. Pour les volailles et gibier de plume, on les vide, on leur trousse les pattes en dedans, on leur casse un peu les os avec le dos du couperet, on les fait revenir sur la braise, et quand on les a essuyés, épluchés et lardés partout avec du gros lard manié dans du sel fin, les fines épices mêlées, le persil et la ciboule hachés, on les couvre, ainsi que le veau, qu'on larde de la même façon, de bonnes bardes de lard, dont on coupe suffisamment pour bien garnir toute sa viande. Puis, selon le volume qu'on veut donner à son pâté, on prend la moitié de la pâte qu'on a destinée pour le faire, laquelle on arrondit avec les mains, en la roulant sur la table; ce qui s'appelle mouler sa pâte; on l'abat ensuite avec le rouleau, jusqu'à ce qu'elle soit de l'épaisseur d'un demi-doigt; on met cette pâte sur une feuille de papier beurré, on étend dessus sa viande, bien serrée l'une contre l'autre; on l'assaisonne de sel fin et de fines épices, on la couvre de bardes de lard et de beaucoup de beurre par-dessus; on met ensuite une abaisse de pâte moins épaisse que celle de dessous la viande; on mouille avec le doroir les deux endroits de la pâte qui doivent se toucher, et afin qu'ils se collent ensemble on appuie par-tout des doigts pour les unir. On prend ensuite le doroir, qu'on trempe dans l'eau pour mouiller tout le dessus du pâté, on l'unit promptement sans appuyer trop fort, de crainte de ne laisser aucun jour à la pâte. Quand le pâté est bien dressé, bien façonné de la manière qu'on vient d'indiquer, on fait un trou au milieu du dessus du pâté, de la largeur du pouce, dans lequel on met une carte roulée, pour qu'en cuisant le trou ne se referme pas; on dore ensuite son pâté par-tout avec un œuf battu, le blanc et le jaune ensemble; on y trace, si l'on veut, quelques dessins de fantaisie pour l'enjoliver, ce que l'on fait avec la même pâte découpée avec un couteau, et on le redore une seconde fois; un moment avant de le mettre au four, on mettra par le trou du pâté, qu'on nomme sa cheminée, deux cuillerées d'eau-de-vie, ce qui lui donnera bon goût; vous faites cuire au moins deux ou trois heures; c'est à la grosseur du pâté à vous guider là dessus pour le temps nécessaire à sa cuisson. Lorsque votre pâté est cuit, vous le mettez dans un endroit frais pour le faire refroidir, et vous bouchez sa cheminée avec un morceau de pâte crue, jusqu'à ce que vous le serviez à table. Mais, si c'est un pâté que vous vouliez servir chaud, on coupe avec un couteau un cercle dans le dessus du pâté, on y verse la sauce qui est ordinairement celle du ragoût, passée au tamis; on remet le morceau à sa place, et on sert de suite.

Voici maintenant la meilleure manière d'en faire la pâte : on met sur une table, suivant qu'on a besoin de plus ou moins de pâte, une certaine quantité de belle farine. On fait un trou au milieu, on y met une demi-once de sel et une demi-livre de beurre pour chaque livre de farine; on mouille sa farine avec un peu d'eau, on pétrit promptement, jusqu'à ce qu'elle soit bien liée : on laisse reposer cette pâte pendant trois heures, avant de s'en servir.

Pâté fin aux truffes.

On fait un bon hachis avec les foies de ses volailles, beaucoup de truffes hachées, lard pilé et fines herbes; on n'assaisonne pas de trop haut goût; on fonce son pâté d'un tiers de ce hachis, on met le reste dans le corps des volailles, ou, si on veut faire un paté de dinde, on emploie le deuxième tiers pour remplir le vide entre les morceaux de dinde désossée. L'une et l'autre de ces volailles étant auparavant bien lardées, assaisonnées de fines épices, cuites à propos et refroidies, on les arrange sur la pâte, on met entre elles beaucoup de truffes entières et on assaisonne de même ; on nourrit son pâté avec du lard râpé et du beurre, on le couvre ensuite de bardes de lard, on le finit comme il est dit ci-dessus, et on le fait cuire l'espace de trois heures, soit au four, soit sous une tourtière bien entretenue.

Pâté de godiveau.

Vous prendrez rouelles de veau, autant de graisse de bœuf, que vous hacherez ensemble bien menu : étant hachées, vous assaisonnerez de sel, fines épices et persil menu : mêlez le tout ensemble, et dressez vos pâtés en ovale ; remplissez à moitié ; dans le milieu, vous pouvez mettre pointes d'asperges, culs d'artichauts (les asperges et les artichauts doivent être cuits et assaisonnés auparavant), champignons, ris de veau, enfin ce que l'on a, et l'achevez de remplir ; étant accommodé de cette sorte, vous mettrez lard et persil hachés bien menus, par-dessus ; couvrez de pâte fine, après avoir mis une petite andouillette au milieu, et quand vous serez prêt à servir, ouvrez votre pâté, mettez-y une sauce faite avec du bouillon, verjus et beurre, délayée avec du jaune d'œuf, vous servirez bien chaud.

Pâté d'anguilles.

On tire la peau d'une belle anguille, on l'ouvre, on en ôte l'arrête et on laisse son anguille pendant quelques heures suspendue en l'air, ensuite on la coupe par tronçons et on l'assaisonne bien.

Cela étant fait, vous hacherez chair de carpes bien menue, que vous assaisonnerez de poivre, sel, beurre, fines épices et persil bien délié ; puis dressez vos pâtés et les emplissez à moitié de votre hachis, rangez proprement vos tronçons d'anguilles dessus, mettez bouts d'asperges, culs d'artichauts ou ce que vous avez, et achevez d'emplir le pàté de votre hachis : mettez beaucoup de beurre dessus et le couvrez. Vous pouvez mettre un petit chapeau dessus, pour l'air. On se sert pour ce pàté de pâte fine ; ne le faites pas trop cuire, et servez-le chaud avec une sauce convenable.

Pâté aux brochets.

On prépare et l'on fait cuire un brochet de la manière indiquée à la page 35.

De plus, on fait un bon hachis de poisson. Lorsque votre brochet sera tout-à-fait refroidi et égoutté, on le met avec beaucoup de beurre, fines herbes et hachis dans le pâté, qu'on finit de la manière indiquée. Il se sert chaud, ainsi il faut réserver la sauce dans laquelle le poisson a bouilli; lorsque le pâté est cuit, on la réchauffe pour la verser dedans, ou bien on la sert à part dans une saucière.

Pâté de truites.

On observe toujours que les truites saumonées sont les meilleures. On lave et on nettoie une grosse truite; on en coupe la tête, on en larde toute la chair avec des filets d'anchois et des filets de truffes; on assaisonne de fines épices et de sel; on met dans le corps de la truite beaucoup de bon beurre manié avec des truffes hachées, et toutes sortes de fines herbes assaisonnées; on arrange la truite sur le pâté, on la couvre de beurre. On finit le pâté, et on le fait cuire au four pendant deux heures.

Pâté de saumon frais.

On arrange son saumon de la même manière que nous venons d'indiquer pour la truite, excepté qu'il n'est pas d'usage d'y mettre des truffes, et que, comme le saumon frais consomme beaucoup de beurre, il ne faut pas épargner ce dernier. Au reste, la pâte est la même, et on la cuit deux heures. Si on le sert chaud, il faut y joindre une sauce; mais froid, il se mange sans sauce.

Pâté aux huîtres.

On écaille ses huîtres, on les blanchit dans leur eau, comme pour un ragoût; on en hache une partie, on les mêle avec les autres, on y ajoute fines herbes, échalottes, persil, poivre, et un bon morceau de beurre. On pétrit bien tout cela ensemble, et on met cette espèce de pâte en un seul et haut monceau, au milieu d'un abatis de pâte dont nous avons indiqué la composition page 58, et on finit son pâté de même. Il ne faut guère qu'une heure pour le cuire. Avant de servir, on ouvre le dessus et on y verse une sauce au vin de Champagne ou à la crême.

On fait également un pâté aux moules, avec cette différence qu'on fait ouvrir ses moules sur le feu, et qu'on les épluche avec soin, de crainte qu'il ne s'y trouve des crabes. Le reste se finit comme un pâté d'huîtres.

Manière de faire une excellente pâte feuilletée, pour petits pâtés, tourtes, etc.

On prend, selon qu'on veut faire plus ou moins de pâte, une ou deux livres de beurre, plus ou moins, qu'on lave la veille dans l'eau froide; on en fait de petits morceaux larges et très-minces, qu'on laisse pendant la nuit dans l'eau fraîche. Le lendemain, quand on veut faire sa pâte, on prend sur chaque livre de beurre, une livre et demie de belle farine, on la met sur une table, on fait un trou au milieu, on y met deux œufs et un peu de sel. on retire le beurre hors de l'eau. on l'essuie et on le pétrit dans la pâte, après quoi on l'abat doucement avec le rouleau, aussi mince qu'il est possible, ensuite on le replie comme une serviette, et on l'abat encore avec le rouleau, de la même façon; on la replie, on saupoudre de farine de temps en temps, afin que la pâte ne s'attache ni à la table, ni au rouleau : on plie et abat alternativement sa pâte de cette manière, jusqu'à quatre fois, ni plus ni moins, et on l'emploie.

Tourtes de viandes cuites.

Vous prendrez vos restes de viandes et les hacherez bien menus ; vous les assaisonnerez bien avec des épices, fines herbes et lard fin. Observez bien qu'il faut que votre hachis soit gras, car, s'il ne l'était pas, il faudrait mettre du beurre : faites votre abaisse de pâte fine, et remplissez vos tourtes de votre appareil à moitié, et mettez dans le milieu culs d'artichauts, bouts d'asperges, ou ce que vous voudrez, et l'achevez de remplir, ne la couvrez point, seulement une bande dessus et tout à l'entour ; dorez avec du jaune d'œuf, ne la faites pas trop cuire. mettez un peu de sauce dessus, et servez chaud.

Tourte de godiveau.

Elle se fait comme le pâté de godiveau indiqué page 59, mais on ne met rien dedans que le hachis et du lard fin, bien assaisonné dessus ; on ne le couvre pas non plus, on fait simplement un bord à l'entour, et, si l'on veut, quelques bandes en travers. On la sert chaude, avec ou sans sauce.

Tourte de poisson.

Vous couperez anguilles par rouelles et en ferez une couche sur votre abaisse de pâte feuilletée et couperez carpes par rouelles, que vous mettrez dessus votre anguille ; vous placerez dessus vos carpes, bouts d'asperges, culs d'artichauts, champignons quand on en a, et beurre frais ; étant accommodée de cette sorte, vous mettrez encore un lit d'anguilles pardessus et la couvrirez. Observez de bien assaisonner votre poisson avant de le mettre sur vos abaisses ; il faut le mettre dans une terrine avec beaucoup de fines herbes et épices, et les bien retourner ensemble avec les mains. Faites un petit soupirail au dessus de cette tourte pour y verser, quand elle sera cuite, une bonne sauce délayée avec jaune d'œuf. Des câpres et un anchois lavé et haché bien menu, font un très-bon effet dans cette sauce.

Tourte d'épinards.

Vous ne prendrez que les feuilles et vous les ferez éverdumer dans l'eau bouillante, vous les égoutterez bien, hachez-les et les maniez avec beurre frais, sucre. quelques œufs, quelques cuillerées de crême et un peu de farine; n'oubliez pas d'y mettre un petit grain de sel. Quelques-uns y mêlent du fromage de Gruyère. Faites ensuite votre abaisse de pate feuilletée, et mettez votre appareil dedans; vous pouvez la couvrir ou non comme vous voudrez; mais si vous ne la couvrez point, il faut mettre quelques morceaux de beurre frais, ou du fromage râpé dessus. Mettez votre tourte au four, et en servant, saupoudrez la de sucre.

Tourte de pommes.

Vous pelerez vos pommes et les couperez par rouelles bien minces; arrosez-les avec un peu de vin, et arrangez-les dessus vos abaisses; mettez sucre et cannelle en poudre dessus; couvrez ou ne couvrez pas, vous pouvez aussi mettre écorce de citron confit; dorez le dessus de votre pate. mettez-la au four, et en servant saupoudrez de sucre par-dessus.

Celle de poires se fait de la même façon, mais il faut qu'elle cuise plus long-temps.

Celles d'abricots, de prunes, de cerises et de reine-claude, se font de même.

Tourte de crême.

Pour une compagnie de douze personnes, il faut deux chopines ou un litre de lait, que vous ferez chauffer, et quand il sera prêt à bouillir, vous y mettrez environ quatre onces de beurre frais, très-peu de sel, du sucre à volonté, et deux onces de macarons ou d'amandes pilées. Si vous voulez vous pouvez y mettre aussi un peu d'eau rose ou d'eau de fleur d'orange et écorce de citron confit, haché bien menu. Lorsque tout cela est prêt à bouillir, vous délayez deux onces de farine avec huit jaunes d'œufs et un peu d'eau de senteur, versez cela dans votre lait, et tournez toujours sur petit feu : il faut qu'elle cuise un bon quart d'heure ; il y en a qui la font cuire davantage, elle en devient meilleure, mais il faut la tourner continuellement. Quand votre crême aura l'épaisseur convenable, vous l'ôterez du feu et la ferez refroidir avant que de la mettre sur vos tourtes. Garnissez votre tourtière d'une abaisse en pâte feuilletée, ou autre pâte fine ; versez votre appareil dessus, de l'épaisseur d'un pouce, ne le couvrez point, mettez seulement un bord et des bandes, dorez et mettez au four. Etant cuite, saupoudrez-la avec sucre et cannelle.

Petits pâtés aux truffes.

On fait un hachis composé d'autant de truffes qu'on a de rouelles de veau, avec graisse, moële de bœuf, sel, poivre, un ou plusieurs œufs et autant de petites cuillerées d'eau-de-vie qu'on a pris d'œufs; on en remplit sa pâte, à laquelle on donne la forme qu'on veut: on sert ses petits pâtés très-chauds.

Petits pâtés au foie gras.

On pile son foie dans un mortier avec beurre, lard râpé, sel, fines herbes et fines épices en poudre; étant réduit en farce fine, on y mêle quelques œufs, un peu de mie de pain râpée, petit verre d'eau-de-vie, et on dresse les petits pâtés.

Petits pâtés aux anchois.

On lève des anchois nouveaux par filets, on les fait bien dessaler: quand on les a bien essuyés, on les fait mariner avec un peu d'huile, du gros poivre, persil, ciboules, échalottes hachées; ensuite on prend la moitié des anchois hors du ragoût et on les met à part ; on hache le reste très-fin ; on y mêle de la mie de pain râpée, l'écorce d'un citron et un ou deux œufs, on met ce hachis par petits morceaux sur des feuilles de pâte, on met deux filets d'anchois, qu'on a mis à part, en croix ; on couvre de pâte, on dore et on cuit dans un four ou sous une tourtière. En servant, on les découvre pour y presser un jus de bigarade ou de citron ; on les couvre ensuite, et on les sert très-chauds.

Les mêmes, d'une autre façon.

Au lieu de hacher la moitié des anchois, comme il est indiqué ci dessus, on fait un hachis aux truffes (page 68), on en met un peu dans le fond de chaque petit pâté, et les petits filets d'anchois par-dessus, en croix, avec tout leur assaisonnement ; on les finit, au reste, comme il est dit plus haut ; on les sert de même avec du jus de citron, et très-chauds.

Beignets de pommes en pâte.

Pelez vos pommes et les coupez en tranches ; ôtez-en le cœur ; faites mariner une heure ou deux dans l'eau-de-vie ; trempez-les dans une pâte épaisse comme de bouillie, et faites avec demi-livre de farine, une cuillerée d'huile d'olive, un peu de sel, quatre jaunes d'œufs, une cuillerée d'eau de fleur d'orange, deux cuillerées d'eau de-vie et de l'eau; fouettez deux blancs d'œufs que vous incorporerez dans votre pâte en retournant légèrement. Cette pâte doit être faite deux ou trois heures avant de s'en servir, afin de la rendre plus légère par la fermentation. Mettez vos pommes enduites de pâte dans une bonne friture, retirez-les d'un blond doré, faites égoutter dans une passoire, saupoudrez de sucre et servez très-chaud.

Les beignets d'abricots, de pêches et d'oranges se font de même.

Beignets de pommes et de pêches sans pâte.

Pelez des pommes de reinette, coupez-les en tranches ou par quartier, ôtez-en le cœur, parez-les proprement, faites-les mariner deux ou trois heures dans l'eau-de-vie; quand elles ont bien pris goût, faites-les égoutter et passez-les dans la farine, faites-les frire de belle couleur, dressez-les et saupoudrez de sucre. Les beignets de pêches et d'abricots se font de la même manière.

Beignets soufflés, fins.

On met dans une casserole un bon verre d'eau, lorsqu'elle bouillira on y jette un peu de sucre, un demi-quarteron de beurre, ou d'huile d'olives, un peu d'écorce de citron confit, hachée très-menue, et une petite pincée de sel ; on y ajoute ce qu'il faut de farine pour faire une pâte bien liée ; on la remue sur le feu avec une cuiller de bois jusqu'à ce que la pâte ne s'attache plus à la casserole ; alors on l'ôte du feu et on y met, pendant qu'elle est chaude, un œuf, qu'on y mêle bien, ensuite on y en met un autre, et continuant ainsi à remuer la pâte, on y met autant d'œufs qu'il faut pour la réduire à la consistance d'une bouillie très-épaisse. Alors on lui donne du goût en y mêlant des macarons d'amandes et des fleurs d'orange pralinées, pilés, on y ajoute une cuillerée d'eau-de-vie ; on étend ensuite sa pâte sur un plat fariné, on la coupe en petits morceaux gros comme une noix, et on fait frire ses beignets dans une bonne friture sur un feu modéré ; on n'en met pas trop à la fois ; lorsqu'ils sont d'une belle couleur, on les retire, on les saupoudre de sucre et on les sert bien chauds.

Biscuits fins.

On prend douze œufs, on les casse, on met les blancs dans une bassine de confiseur, on les fouette jusqu'à ce qu'ils soient bien montés en neige, alors on y mêle les jaunes avec une demi-livre de sucre en poudre très-fine, puis on met la bassine sur un feu de charbon; on fouette sans cesse jusqu'à ce que la pâte ait une épaisseur telle qu'en tombant du fouet, elle forme une petite globule qui ne s'élargisse pas si vîte, alors on la retire du feu, mais on continue de fouetter jusqu'à ce que la pâte soit refroidie; cela étant, on y mêle légèrement une demi-livre de belle farine tamisée et une écorce de citron, ou si on aime mieux, des fleurs d'orange pralinées, en poudre; on met ensuite tout son appareil de biscuit dans le vaisseau où on veut le faire cuire, et qui doit être graissé de bon beurre fondu, et on fait cuire son biscuit environ une heure et demie à une chaleur modérée.

Gâteau de Milan, ou biscuit au beurre.

Il se fait de la même manière que le précédent; mais avant de mettre la pate dans la forme il faut y ajouter une demi-livre de bon beurre fondu, raffiné et qui ne soit plus chaud; après avoir remué votre composition bien doucement vous en remplirez votre vaisseau à moitié (car cette pâte monte beaucoup), et la ferez cuire.

Gâteau de Lisbonne.

On fait fondre une demi-livre de bon beurre qu'on a soin d'écumer. Quand il est refroidi, on le remue pendant une demi-heure dans un plat, jusqu'à ce qu'il soit devenu presque comme de la crême; après quoi on y ajoute une demi-livre de sucre en poudre, et, en remuant toujours, on y met peu-à-peu six œufs, une demi livre de belle farine, une écorce de citron, ou de la muscade, ou de la fleur d'orange pralinée, suivant le goût. Après l'avoir bien mêlée, on met la composition dans le vaisseau où on la veut faire cuire, et qu'on a eu soin de bien beurrer auparavant, on la fait cuire environ trois quarts d'heure à une chaleur très-modérée.

Charlotte de pommes.

Pelez des pommes de reinette ou de calville, ôtez les cœurs et coupez les pommes par morceaux. Faites-les cuire dans une casserole avec un verre de vin, des zestes de citron et du sucre. remuez-les souvent pour les empêcher de brûler. Faites une pâte comme pour une galette, applatissez la de l'épaisseur du petit doigt et garnissez en le fond et le tour d'une casserole que vous avez bien beurrée; placez votre marmelade dans cette pâte par lits, et ajoutez entre chaque lit un lit de marmelade d'abricots, si vous en avez, alternativement; recouvrez-la d'un couvercle de la même pâte, et faites cuire avec feu vif dessus et doux dessous.

Pets de none.

Mêlez ensemble une demi-livre de farine, quatre jaunes d'œufs, une cuillerée d'huile fine, une cuillerée d'eau-de-vie et autant d'eau de fleur d'orange, une pincée de sel, et les blancs d'œufs après les avoir bien battus séparément en neige; délayez cette pâte qui doit avoir la consistance d'une bouillie très-épaisse. Prenez en dans une cuiller gros comme une noix que vous faites rouler dans de la farine; jetez ces boulettes dans une bonne friture, faites frire de belle couleur, saupoudrez de sucre et servez très-chaud. Il est bon de faire sa pâte quelques heures d'avance, afin de lui donner le temps de lever, ce qui la rendra plus légère et plus délicate.

Pour faire une bonne galette à la bourgeoise.

Prenez trois livres de farine que vous mettez en tas en faisant un trou au milieu; mettez dans ce trou une livre de beurre frais, une once de sel fin et de l'eau; pétrissez, mettez en boules et applatissez avec le rouleau en saupoudrant la table de farine, afin que la pâte ne s'y attache pas. Donnez un pouce d'épaisseur, dorez avec un œuf, mettez au four et faites cuire de belle couleur. Cette pâte peut aussi servir pour doubler le fond de casserole lorsqu'on veut faire une timbale, ou pâté en casserole, ainsi que pour quelques autres sortes de gâteaux et tourtes à pâte ordinaire. — Pour la rendre feuilletée il faut l'abattre et la replier plusieurs fois comme il est dit à l'article : *pâte feuilletée.*

LA CONSERVATION DES FRUITS ET LÉGUMES,

TANT AU NATUREL QUE SÉCHÉS ET CONFITS.

Manière de conserver les fruits en leur naturel.

Un des objets les plus agréables pour les amateurs d'une bonne table, c'est d'y voir à la fin d'un repas, dans le profond de l'hiver, des fruits aussi beaux et bons, même meilleurs que quand on les cueille. Lorsqu'il semble que les arbres sont morts, et que votre jardin paraît plutôt un désert qu'un lieu de délices, vous goûtez vos fruits avec beaucoup plus de plaisir que dans l'été. Car en toutes choses, l'abondance diminue et la rareté rehausse le prix des objets. Je crois donc faire plaisir à mes lecteurs, sur-tout aux bonnes ménagères, en leur indiquant les moyens les plus sûrs et les plus faciles pour les bien conserver tout le long de l'hiver, et même jusqu'à ce que les nouveaux vous invitent à quitter les vieux. Pour cet effet, il faudra choisir un endroit commode pour en faire un fruitier ou réservoir, qui ait des fenêtres petites à cause des gelées et de la grande chaleur, lesquelles vous tiendrez toujours fermées, n'y laissant entrer aucun air, et ne vous en servant que pour la clarté, refermez tous les volets quand vous en sortirez. Il ne faut pas non plus qu'il y ait plusieurs portes, mais une seule, petite et basse, la tenant fermée sitôt que vous serez entré ou sorti.

Le lieu destiné pour votre fruitier sera garni de tablettes tout autour : si la chambre et grande, on fera dans le milieu des monceaux des fruits les plus communs.

Ces tablettes seront posées sur des consoles de bois ou de fer, bien fortes, à cause de la charge : elles auront la largeur de deux pieds; vous y clouerez une petite latte pardevant, de crainte qu'en maniant les fruits, ils ne roulent et tombent : vous laisserez trois pieds de vide en bas, pour y mettre les fruits les moins précieux, en les distinguant et séparant selon leurs espèces, et continuez les rangs de tablettes ou rayons jusqu'aux planches d'en haut; chaque rayon doit être élevé à la distance de neuf à dix pouces les uns sur les autres.

Pour plus grande commodité, vous aurez un escabeau de bois, facile à porter, qui servira à vous élever jusqu'à la plus haute tablette, quand vous visiterez vos fruits, car une échelle n'est pas si commode, et elle pourrait tourner ou glisser.

Prenez d'abord pour règle générale, qu'il ne faut pas attendre que vos fruits soient trop mûrs, si vous voulez les conserver. Ne prenez pas non plus ceux que l'on recueille au commencement de la récolte, ni ceux que l'on recueille vers la fin, ces fruits n'ont jamais autant de qualité et de parfum que ceux qui sont cueillis dans le temps convenable.

Le temps étant donc venu de cueillir les fruits de garde, vous vous munirez de plusieurs corbeilles d'osier bien fortes, à anses, pour être portées pleines par deux hommes ; vous mettrez un peu de fouane au fond pour empêcher que le fardeau de celles de dessus ne froisse celles de dessous contre la corbeille.

On commence à cueillir les plus tendres les premiers pour donner plus de temps aux autres d'achever de mûrir.

A mesure que vous détacherez les fruits, vous mettrez les gros, les moyens, ceux qui sont tombés d'eux mêmes, ou que vous aurez abattus en cueillant les autres, chacun en une corbeille à part. Les pommes percées de vers seront aussi mises avec celles qui tombent, pour être mangées les premières. En même temps que vous cueillerez vos fruits, vous les porterez dans le fruitier, et rangerez les plus précieux sur les tablettes, sans qu'ils se touchent, mettant un peu de fouane en long dessous, distinguant les beaux d'avec les moindres, par tablettes particulières, et mettant les tombés et véreux en monceaux, à part.

Quant aux poires de bon-chrétien, il faut les cueillir avec plus de précaution que les autres; celles qui sont belles, bien colorées, rouges d'un côté et jaunes de l'autre, il faudra en sceller la queue avec de la cire d'Espagne pour arrêter la sève, ensuite on les enveloppe d'un papier doux et bien sec, et on les mettra dans des barils couverts, afin qu'ils prennent une belle couleur blonde. Même précaution pour les poires de double fleurs, de Cadillac, de Toul et autres qui sont greffées sur le coignassier ; elles prennent couleur à l'arbre : quant à celles qui sont greffées sur franc, elles demeurent ordinairement vertes ; c'est pourquoi, sans y prendre tant de peine, il n'y aura qu'à les ranger sur les tablettes, comme j'ai dit ci-dessus.

Il y a des personnes qui, pour conserver leurs fruits, se servent d'une armoire qui ferme exactement bien, dans laquelle elles mettent leurs poires de bon chrétien ; elle est garnie de tablettes, et sur chacune il y a de petites tringles de bois qui se croisent en forme de treillis, dont les carrés sont à peu près de la grandeur qu'une belle poire peut être grosse ; sur chaque carré, ils y mettent une poire, de crainte qu'elles ne se touchent, et s'il y en a une de pourrie, qu'elle ne gâte celle d'à côté : on tient cette armoire toujours bien fermée ; on colle même des bandes de papier autour des portes, pour empêcher entièrement l'air d'y entrer. On ne l'ouvre que quand on en veut prendre. Cela les étouffe et leur fait prendre une très-belle couleur ; mais auparavant que de les renfermer de cette manière, on doit laisser les poires cinq ou six jours dans les corbeilles, telles qu'on les a apportées du jardin, afin qu'elles se ressuient. Pour les fruits qui se mangent mous, il les faut mettre en monceaux ou mijols, et s'ils ne mûrissent pas assez promptement, vous les mettrez dans un sac à blé, et les ferez bluter par deux personnes : le froissement des uns contre les autres les avancera beaucoup.

Les raisins muscats ou autres se conservent de plusieurs façons, soit en les rangeant simplement sur du fouane, ou en les accrochant à des cerceaux au plancher, et en les couvrant par-dessus avec du papier, pour les garantir de la poussière, ou en les mettant avec de la paille d'avoine ou de la cendre, ou bien avec du son bien sec dans des tonneaux.

Mais il est bon d'observer qu'il serait mieux d'avoir plusieurs petits barils parfaitement bien faits, qui ne prennent aucun air par les jointures ou douves ; et lorsqu'on y a déposé le raisin par lits, soit dans la cendre, soit dans du son séché au four, les fermer avec la plus grande exactitude. Lorsqu'on veut manger le raisin et lui faire reprendre sa première fraîcheur, il faut couper le bout des grappes et les mettre tremper, comme on ferait à un bouquet, dans du vin ou de l'esprit de vin.

Le moyen le plus simple de conserver les fruits est le suivant : on doit d'abord les cueillir ni trop verts ni trop mûrs ; avoir de larges bocaux de verre, les exposer au feu pour les bien faire sécher et dilater autant que possible l'air qu'ils contiennent ; d'y enfermer les fruits que l'on veut conserver, de les boucher exactement d'un bouchon de liége que l'on couvrira de cire ou d'un lut quelconque. Il faut les placer dans une cave profonde, où la température reste toujours au même degré. On peut même les enterrer dans du sable bien sec. Par ce moyen on y conservera les fruits très-délicats et en très-bon état, parce qu'ils ne seront point exposés à subir la fermentation qui les détruit et les fait pourrir.

Je citerai encore plusieurs manières de conserver les fruits délicats, que quelques amateurs emploient principalement pour les poires tendres, belles prunes, pêches et mirabelles, et même pour les cerises et griottes.

On choisit les plus beaux de ces fruits; on coupe un petit bout de leur queue et on les scelle avec de la cire d'Espagne. Ensuite on trempe séparément chacun de ces fruits un peu rapidement dans la composition suivante ; bien entendu que celle-ci doit auparavant être refroidie jusqu'à la température de la chaleur du sang.

On fait bouillir une livre d'alun en poudre dans trois litres d'eau de pluie, jusqu'a ce que la décoction soit réduite au tiers. Alors on la laisse refroidir jusqu'à tiédeur, on y trempe ses fruits un à un, et on les pose au fur et à mesure sur des tamis ou sur une claie. Quand vos fruits seront suffisamment séchés, vous les rangerez dans des boîtes, petites caisses ou barils, sur du sable fin et très-sec. Entre chaque couche de fruits il faut une couche de sable avec lequel vous finirez de couvrir le tout au moins à la hauteur de deux pouces environ, afin que l'air n'y puisse pénétrer. Enfin on porte ces caisses, boites ou vaisseaux dans un endroit exempt de toute humidité, et on n'y touche plus.

Quand vous voudrez avoir de ces

fruits, vous en ôterez suivant votre besoin, mais avec précaution, sans déranger les autres. Vous les essuierez d'abord avec un linge, vous couperez le bout des queues cachetées, et alors la sève remontant vous fera apercevoir l'odeur la plus fraîche et la plus agréable.

Les fruits de la petite et plus tendre espèce, comme prunes, cerises, griottes, se conservent aussi d'une autre façon. On doit d'abord faire bien attention que chacun de ces fruits soit nouvellement cueilli, frais, sans tache ni humidité quelconque. Ensuite, après avoir scellé le bout de la queue comme je l'ai dit, on prend du papier fin, mais qui ne soit pas rude, et se plie aisément; on y enveloppe chacun de ces fruits séparément, et on lie le papier autour de la queue avec un fil. Prenez garde que ce fruit ne soit pas pressé ni même gêné dans son enveloppe. Cette opération faite, vous les tremperez dans la composition suivante, et les encaisserez exactement comme j'ai dit ci-dessus.

Composition. On fait fondre une livre de cire jaune avec autant de poix résine; et quand tout sera fondu et bien amalgamé, ce qui est bientôt fait, on procède de la manière indiquée ci devant.

Quand on veut se servir de ces fruits, on en prend à volonté, sans trop remuer les autres, on coupe les enveloppes, on ôte les fruits, et on les expose quelque temps à l'air avant de les servir.

Voici un procédé assez simple pour conserver fort long-temps les poires et autres fruits. On choisit sur l'arbre les plus beaux ; après avoir coupé avec des ciseaux la queue des fruits le plus haut possible, on verse sur le bout coupé une goutte de cire d'Espagne, et on attache ensuite à la queue de ce fruit un fil ou une petite ficelle ; on a en même temps une feuille de papier blanc roulée en cornet ouvert par la pointe ; par cette ouverture on passe le fil, de sorte que le fil soit suspendu dans le cornet : cette pointe du cornet se ferme avec de la cire verte et molle, et l'on fait en sorte d'en clorre la bouche avec le même soin, de façon que l'air ne puisse absolument y entrer. Alors on suspend ces fruits ainsi préparés à un clou, au moyen d'une boucle que l'on fait au bout du fil, dans un lieu absolument sec et tempéré. Ces fruits ainsi suspendus se gardent très-long-temps.

On sait la manière qu'emploient quelques curieux pour conserver des raisins bien long-temps et dans un état de fraîcheur très-étonnant. Lorsque la grappe est en fleur, ils la font entrer dans un bocal de verre, puis étant mûre, ils la coupent, scellent la queue et l'attachent, en sorte qu'elle pende dans le bocal sans y toucher, et ils bouchent bien l'entrée du bocal avec de la cire molle ; en sorte qu'il n'y entre aucun air : cela conserve la grappe jusqu'aux nouvelles. Mais on sent bien que cette manière de conserver ne peut s'appliquer qu'à un très-petit nombre de raisins choisis. En voici un procédé qui est également bon, éprouvé et plus économique.

On choisit les raisins beaux, sains et à leur juste maturité ; on en scelle le bout de la queue avec de la cire d'Espagne. Ensuite on noue un bout de fil *au bas* de chaque grappe, et on les suspend la queue en bas, à un cercle, assez éloignées les unes des autres, pour que les raisins ne se touchent pas. On suspend ce cercle ainsi garni au milieu du fruitier ou d'une chambre qui soit également garantie de la chaleur et des gelées. De cette façon les raisins se conservent très long-temps en bel et bon état.

Nous passons sous silence plusieurs autres procédés de conservation, à cause du peu de profit que l'on en tire, en proportion de l'embarras et de la dépense qu'ils exigent.

Manière de conserver les groseilles. Faites égrener de belles groseilles, pas trop mûres, rouges et blanches séparément, et mettez-les de suite en bouteilles. Tassez-les pour remplir les vides, ensuite bouchez les exactement et mettez-les dans un chaudron au bain marie, de la même manière que nous détaillerons en parlant de la conservation des *petits pois.* Aussitôt que l'eau entrera en ébullition, retirez le feu, et lorsque l'eau sera bien refroidie, vous en retirerez vos bouteilles.

On pourrait conserver de même les groseilles en grappes, mais on préfère les égrener, parce que la grappe donne toujours un peu d'âcreté au suc des groseilles.

Pour conserver les cerises, les fram-

boises, le cassis et les mûres. On se sert du même procédé, mais ils faut faire attention de ne pas cueillir ces fruits trop mûrs, afin qu'ils ne s'écrasent point pendant l'opération. Ayez toujours soin de les mettre séparément en bouteilles et de les tasser légèrement.

Pour conserver les prunes de reine-claude et autres. On leur ôte la queue, on les met dans des grandes bouteilles dont le goulot soit très-large, on les tasse le mieux possible pour empêcher les vides, on les bouche exactement et on les met au bain-marie; donnez-leur un bouillon seulement, puis retirez le feu, et conservez-les avec les mêmes précautions que nous avons indiquées aux articles : *petits pois et groseilles.*

Pour conserver le verjus. Vous prendrez le plus gros verjus mûr, mais très-ferme; ouvrez le dans sa longueur, pour en retirer les pepins avec une plume neuve; mettez-le en bouteilles, tassez légèrement, bouchez-les bien et donnez-lui un bouillon au bain-marie.

On peut également *conserver les marrons* par le même procédé; pour cet effet on leur fend un peu la tête avec la pointe d'un couteau, comme pour les faire rôtir; en même temps ayez bien soin qu'il n'y en ait point de gâtés; mettez-les en bouteilles, étant bien bouchées vous leur donnerez un bouillon au bain-marie.

Des fruits séchés.

Les fruits séchés les plus renommés sont séchés au soleil dans les pays méridionaux, comme les raisins, dattes, figues et brignoles. Cependant il y a quantité de fruits excellens dans les pays plus froids qui réussissent très-bien au four; et comme je désire que ce petit livre puisse être également utile aux bonnes ménagères de toutes les contrées, je leur détaillerai ici la manière dont chaque fruit doit être préparé et séché.

Les *cerises*, *guignes et griottes*, comme les premiers fruits que la saison nous présente, seront choisies bien mûres, grosses et point tournées, vous les poserez sur des claies, les rangerez le plus proprement qu'il se pourra, sans qu'elles soient les unes sur les autres, y laisserez les queues et les noyaux, puis vous les mettrez dans le four, qui sera de chaleur tempérée, comme quand on a tiré le pain, et les y ayant laissées tant qu'il y aura de la chaleur, vous les retirerez et les remuerez toutes, en les changeant de place, afin qu'elles sèchent également; le lendemain, quand on aura retiré le pain, vous les remettrez au four jusqu'à ce qu'elles soient suffisamment sèches pour être gardées; vous les laisserez refroidir en monceaux un jour entier, ensuite vous les serrerez dans des caisses bien fermées. Les *prunes* seront séchées comme les cerises, et ne seront cueillies que très mûres: les meilleures sont celles qui tombent d'elles-mêmes, car elles ont plus de chair, et sont plus agréables à manger que celles que vous détacherez de l'arbre.

Les plus excellens fruits pour faire des pruneaux sont les impériales, les dattes, sainte-catherine, diaprées, perdrigons, brignoles, damas de toute espèce et saint-julien.

Si vous voulez accommoder des *prunes à la façon des brignoles*, il vous faut en choisir de belle espèce, comme le perdrigon, l'abricot, moyen d'œuf, etc., qui auront la peau blanche; les peler sans couteau, en tirant dessus : la peau quittera aisément la prune, si elle est bien mûre ; puis ôter le noyau sans rompre le fruit, comme je l'enseignerai ci-après, en traitant des abricots ; faire bien bouillir ces peaux avec peu d'eau ; passer le tout dans un gros linge ; et dans ce jus, qui sera en consistance de sirop, y tremper les prunes à chaque fois que vous les mettrez au four, les applatissant autant de fois : si votre jus n'est point assez en sirop, vous prendrez du jus de gadèles blanches, bien mûres, cela le rendra fort épais et très-bon.

Les provençaux, au lieu de four, les mettent à des branches d'épines, à chaque piqueron une, et les laissent sècher au soleil.

Les *pêches* s'accommodent de la même manière que les prunes ; mais il faut les cueillir à l'arbre, car celles qui tombent, outre qu'elles sont trop mûres, se font des meurtrissures qui ne sécheraient pas, et seraient désagréables à manger : avant que d'ôter les noyaux, vous les mettrez une fois au four, pour les amortir ; puis vous les fendrez proprement avec le couteau, tirerez les noyaux, les ouvrirez et les applatirez sur une table, afin qu'en les mettant au four elles sèchent aussi bien par dedans que par dehors à cause de leur épaisseur; et la dernière fois qu'elles sortiront du four, étant encore toutes chaudes, vous les refermerez et applatirez pour leur donner leur première forme.

Les *abricots* seront aussi cueillis à l'arbre et bien mûrs; il ne sera pas besoin de les ouvrir pour ôter les noyaux, mais seulement les pousser proprement par l'endroit de la queue, ils sortiront par le bout. Pour les sécher, on ne les ouvre pas comme les pêches, mais on les laisse entiers; il faut se contenter de les applatir, afin qu'ils sèchent également, et qu'ils s'arrangent bien dans les boîtes.

On sèche les *poires* pelées et non-pelées de la même manière que j'ai enseignée ci-devant; étant pelées, elles sont beaucoup plus délicates, et l'on fait avec les peaux du jus pour les tremper; on leur laisse la queue et la tête en les pelant : il faut faire choix des fruits les plus délicats et les plus musqués, comme l'orange et le bon chrétien d'été, la muscadelle, le gros muscat, le rousselet et d'autres qui se trouveront excellens. La poire ne veut pas être cueillie trop mûre, car cela la rend mollasse.

En vendange, vous pouvez mettre avec vos pelures du vin blanc doux, au lieu d'eau, et aussi quand ce sera la saison des cidres, y mettre du poiré doux.

Les *pommes* se sèchent ordinairement sans peler et se coupent par moitié. Vous pourrez en faire bouillir pour un tiers, le jus, afin d'y tremper celles que vous voudrez faire sécher.

Les *raisins* de toute espèce sont séchés au four sur la claie, non trop chaud ; il faut les retourner souvent, afin qu'ils sèchent également. Les languedociens les passent dans la lessive avant de les sécher au soleil.

DE LA CONSERVATION DES FRUITS

AU SUCRE, AU MIEL ET AU MOUT.

Clarification du sucre.

Avant de confire les fruits au sucre,

il est nécessaire que celui ci soit clarifié; en voici la meilleure méthode : mettez votre sucre ou cassonnade dans une bassine, avec une bouteille d'eau sur chaque livre de sucre. Il y en a qui prennent moins d'eau, cela dépend de la quantité de sucre et de la force que l'on veut donner au sirop. Ayez dans une écuelle, à côté de votre bassine, du blanc d'œuf fouetté avec de l'eau (1). Lorsque votre sucre bouillira, vous en verserez une partie dans le sirop, et le remuerez avec l'écumoire : ensuite écumez-le, remettez encore du blanc d'œuf fouetté, et l'écumez ; continuez jusqu'à qu'il soit bien clair; enfin passez-le à travers un linge. Il se gardera très-long-temps pour différens usages.

Pour confire les cerises.

Les cerises qu'on voudra confire seront les plus grosses, les mieux nourries, non tournées, ni trop mûres ; mais quand elles auront une couleur vive, ôtez en les queues et les noyaux (prenez garde de ne pas dépécer les cerises,

---

(1) La porportion est le blanc d'un œuf et deux verres d'eau pour chaque livre de sucre.

elles doivent rester entières). Cette opération faite, pesez vos cerises, prenez pour chaque livre de fruit trois quarterons de sucre, clarifiez-le auparavant, comme je viens de dire; quand le sirop sera en bonne consistance, c'est-à-dire au perlé, vous y ajouterez vos cerises, et faites-les bouillir jusqu'à l'épreuve de la gelée. On les met ensuite dans des pots de faïence, et on les y laisse refroidir sans les couvrir. Le lendemain, vous les couvrirez avec du papier et les garderez dans un lieu exempt d'humidité. Elles se conserveront plusieurs années.

Abricots confits.

On confit les abricots pelés ou non pelés, mais on les coupe par moitié et on en ôte les noyaux. (Observez qu'ils ne doivent pas être trop mûrs.) Mettez votre fruit dans une terrine, sans qu'il s'écrase. Prenez cinq livres de sucre pour chaque cent d'abricots, ou bien trois quarts de sucre pour chaque livre d'abricots; clarifiez le, faites le cuire au lissé, et versez ce sirop, un peu plus que tiède, sur ves abricots. Tous les matins, pendant une semaine, vous mettrez égoutter vos abricots sur un tamis, puis ferez rebouillir votre sucre, que vous écumerez toutes les fois; remettez vos abricots dans la terrine et votre sirop par-dessus, mais toujours un peu plus que tiède, jamais chaud. Le huitième jour, vous mettrez le fruit et le sirop ensemble dans la bassine, vous faites prendre seulement un bouillon ou deux, puis un peu refroidir, ensuite vous les rangerez dans les pots ou bocaux, et le lendemain seulement vous les fermerez avec du parchemin, ou avec de la vessie et du papier.

Pour confire les pêches, on s'y prend de la même manière, excepté qu'on ne les fend point : il faut les laisser entières, seulement les peler bien proprement avec un couteau fin, et autant que possible leur laisser les queues.

Abricots et pêches à l'eau-de-vie.

On les confit d'abord comme nous venons de dire, mais le huitième jour, après avoir bouilli pendant quelques instans avec le sucre, vous les retirerez de leur sirop, les placerez un à un dans les pots ou dans les bocaux de verre, et ensuite vous remplirez ces mêmes pots avec la meilleure eau-de-vie que vous pourrez avoir. Couvrez légèrement vos pots, et quand le fruit sera bien refroidi, vous fermerez vos pots avec du parchemin.

Les prunes se confisent et se mettent à l'eau-de-vie comme les pêches.

Pour confire les coings, vous prendrez des coings bien mûrs, pelez les proprement, fendez les par quartiers, ôtez en le cœur, faites les bouillir jusqu'à ce qu'ils s'approchent d'être cuits. D'autres personnes, au lieu de les cuire, les mettent dans l'eau fraîche pendant 24 heures. Puis on les met confire dans du sucre clarifié, jusqu'à ce que le sirop soit en consistance de gelée. Pour chaque livre de fruit on met 10 à 12 onces de sucre, y ajoutant de la cannelle et des clous de girofle; on les mettra dans une terrine, le lendemain on les remet encore bouillir un ou deux bouillons seulement, puis on les met dans des pots au sortir de la poêle, et quand ils sont bien refroidis on les couvre et on les pose en un lieu sec.

En parlant de cerises, j'avais oublié de dire qu'on peut aussi les framboiser:

cela leur donnera un goût très délicat. Pour cet effet, à la place du noyau de chaque cerise, vous y mettrez une framboise rouge, les ayant pesées auparavant, pour éviter confusion à la dose du sucre qu'il faudra mettre, qui est une livre pour chaque livre de fruit. Les cerises où l'on n'ôtera point le noyau, seront piquées chacune en deux endroits avec la pointe du couteau : cela empêche qu'elles ne se crèvent et ne quittent leur peau : vous les confirez comme dessus. Trois quarterons de sucre sont suffisans pour une livre de fruit.

En ce dernier état, vous pouvez aussi les mettre à l'eau-de-vie, en y ajoutant alors, si vous l'aimez, quelques morceaux de cannelle.

Pour faire la gelée de cerises il faudra passer le jus de cerises bien mûres à travers la chausse, et y ajouter un tiers de jus de groseilles rouges ; puis, à chaque pointe, mettre une livre et demie de sucre, et la cuire à petit feu, en tournant toujours, de peur qu'elle ne brûle ; et pour connaître quand elle sera faite, vous en mettrez quelques gouttes sur une assiette ; si, étant refroidies, vous les pouvez lever avec la pointe du couteau, la gelée sera faite, sinon il faudra continuer à la cuire; ensuite vous la mettrez en pots.

La gelée de groseilles se fait en pressant les groseilles par force; on passe le jus par la manche de laine ou par la chausse, pour le bien clarifier, puis vous y ajouterez du sucre, trois quarterons par livre de jus suffisent pour une gelée : vous la cuirez en consistance, comme je l'ai dit ci-devant aux cerises, puis la mettrez en pots, et la laisserez refroidir deux ou trois jours avant de les couvrir.

L'on framboise aussi les groseilles, en y mettant un quart de jus de framboises passé à la chausse; cela leur donne un parfum très-agréable.

Gelée de framboises.

On presse le jus de framboises, on y ajoute un quart de jus de groseilles rouges, afin de le mieux faire geler; on clarifie à travers la chausse. Ensuite on prend pour chaque livre de fruit trois quarterons de sucre, on les met ensemble sur le feu, l'écumant bien et la faisant cuire jusqu'à l'épreuve indiquée à la gelée de cerises. On la verse ensuite dans des pots et on ne les couvre que le lendemain.

Gelée de coings.

Coupez les coings par morceaux et faites-les bouillir dans l'eau. Quand ils sont bien tendres, vous en exprimez le jus à travers l'étamine ou par le moyen d'une presse. Passez le jus qui en sort par la chausse, mettez y à chaque pinte de jus une livre de sucre, et faites la cuisson à petit feu, et tenez votre bassine couverte. N'oubliez pas d'y mettre un petit morceau de cannelle. Au reste, la cuisson se fait comme il est dit aux gelées.

La gelée de pommes se fait comme celle de coings.

Oberva'ion essentielle pour la conservation des gelées et confitures de toute espèce.

On ne doit jamais couvrir les pots, que la gelée ou confiture ne soit parfaitement refroidie. Le meilleur est de ne le faire que quelques jours après; ensuite on a soin de tremper son premier papier, c'est-à dire celui qui touche immédiatement la gelée ou la confiture, dans l'eau-de-vie. Elle s'en conserve beaucoup mieux et on ne la verra jamais moisir.

J'observe encore qu'il est indispensable de ne se servir, pour les sirops et les confitures, que de bassines ou chaudières de cuivre, car celles de terre ou de fer sont sujettes à faire brûler ou donner mauvais goût. On doit préférer celles qui ne sont pas étamées. Les personnes qui n'ont pas une bassine faite pour cet usage, peuvent employer un chaudron qu'il faut avoir soin de récurer parfaitement.

Il ne faut rien laisser séjourner dans la bassine, à cause du vert-de-gris qui se formerait. C'est pour cela qu'il est important de verser les confitures dans les pots, aussitôt qu'elles sont cuites : ce n'est que lorsqu'au lieu de pots on les met dans des bocaux de verre, qu'il faut les laisser refroidir un peu.

Il n'est pas bon de se servir d'un feu de bois, mais d'un feu de charbon vif et bien soutenu.

On ne doit pas quitter ses confitures lorsqu'elles sont sur le feu ; à mesure que l'écume monte, on l'enlève avec une écumoire. Il est essentiel de prendre soin qu'elles ne s'attachent et ne brûlent ; on les remue à cet effet, de temps en temps, avec l'écumoire.

Manière de faire les confitures au moût et au cidre.

Pour confire le fruit au moût ou vin doux, vous prendrez trois seaux ou trois parties du moût. selon la quantité de fruit que vous voulez confire, vous le mettrez dans un chaudron ou poêlon sur le feu. et prendrez garde, si vous faites votre feu avec du bois, que la flamme ne brûle votre chaudron de quelque côté. Vous ferez bouillir ce moût jusqu'à la réduction de trois à un, afin qu'il s'épaississe et puisse confire suffisamment votre fruit, pour être gardé.

Vos fruits étant pelés ou non pelés, selon leurs espèces ou la délicatesse que vous y voulez apporter, et les durs, comme coings, poires communes, carottes, melons, etc., étant auparavant un peu parbouillis et égouttés de toute leur eau, seront jetés dans ce sirop et confits, les écumant et faisant bouillir doucement, jusqu'à ce que vous voyez que le sirop soit en bonne consistance, ce qui se connaît en mettant quelques gouttes sur une assiette, car elles doivent demeurer en rubis et ne point couler en penchant l'assiette.

Le moût ne saurait être pris trop doux, c'est pourquoi, sitôt que l'on apportera des grappes bien mûres de la vigne, vous les ferez promptement fouler, et prendrez de ce moût ce que vous aurez besoin, blanc ou rouge, et confirez. Quelques fruits, comme les coings, les poires, les raisins rouges et semblables, veulent que ce moût soit de grappes rouges; d'autres le veulent de grappes blanches, comme les noix, les raisins muscats et autres fruits à qui on désire conserver la blancheur. Aux fruits que vous confirez avec du vin rouge, mettez-y, pour relever le goût, de la cannelle et du clou de girofle, les enfermant dans un linge, afin qu'ils ne se mêlent avec les confitures et se perdent ou se consomment dans le sirop; et à ceux qui voudront le vin blanc, vous n'y mettrez que le fenouil vert, l'enfermant aussi dans un linge.

Pour confire au miel, vous prendrez du plus épais et plus dur, et le ferez bouillir dans une poêle à confiture, l'écumant et le remuant bien, de crainte qu'il ne brûle. Pour lui ôter son goût fort, vous y mettrez pendant la cuisson quelques charbons durs, que vous aurez eu soin de laver auparavant proprement. Vous retirerez ces charbons avec l'écumoire, avant d'y mettre les fruits. Pour voir quand il sera cuit, il faut prendre un œuf frais et le mettre sur le miel; s'il enfonce, il ne sera pas assez cuit, et s'il flotte dessus, il sera en bonne consistance pour confire vos fruits. Vous savez que le miel est fort aisé à brûler, c'est pourquoi vous acheverez votre cuisson à petit feu, remuant souvent le fond de votre chaudière avec la cuiller de bois, pour éviter qu'il ne brûle.

Pour faire du bon raisiné, on prend de belles grappes rouges des plus mûres, ne les cueillant que l'après-dîner au soleil, afin que toute l'humidité en soit bannie. Vous les mettrez dans un grenier où l'air et la chaleur donnent aisément, les étendant sur des tables ou claies, les y laissant plusieurs jours au soleil pour les amortir. Si le temps est froid, vous les mettrez un peu au four bien tempéré de chaleur, après quoi vous les presserez dans les mains pour en ôter toutes les rafles, et mettrez la peau et le jus bouillir en un chaudron, en l'écumant soigneusement, et ôtant le plus de pepins que vous pourrez : vous ferez réduire le tout au tiers ; on a soin de diminuer le feu à mesure que le raisiné s'épaissit, et le remuant souvent avec une gache ou cuiller de bois, de crainte qu'il ne s'attache au chaudron ; étant réduit, vous le passerez au travers d'une étamine ou gros linge, froissant les peaux avec la cuiller de bois pour en exprimer toute la substance, et de plus vous presserez en tournant l'étamine ou avec une presse, si vous en avez. Cela fait, vous le remettez encore sur le feu et le remuez, tournant toujours jusqu'à ce que vous jugiez que votre raisiné ait pris une consistance suffisante ; alors vous le retirez du feu et le versez de suite dans des terrines, de crainte qu'il ne prenne quelque mauvais goût du chaudron. Quand le raisiné est à moitié froid, vous le mettez dans des pots de faïence. Vous laisserez vos pots découverts cinq ou six jours ; ensuite vous y mettrez un papier de la grandeur du dedans de votre pot, lequel touchera partout votre raisiné. On visite de temps en temps son raisiné, et quand vous voyez que le papier est moisi, on le lève et on en remet un autre : on continue d'avoir ce soin, jusqu'à ce que toute l'humidité du raisiné soit évaporée ; alors il ne chancira plus, à moins que le raisiné ne soit pas assez cuit, auquel cas il le faut recuire, puis vous le couvrirez avec soin pour n'y plus toucher que lorsque vous en voudrez manger. On s'en sert aussi pour faire de bonnes tourtes.

On peut aussi *confire toutes sortes de fruits au cidre de poiré* fait sans eau, en le faisant réduire au tiers par l'ébullition, de la même façon que j'ai dit pour le moût.

CONSERVATION DES LÉGUMES.

Pour conserver les haricots verts.

La méthode la plus simple et la plus sûre est la suivante : on cueille les haricots de la meilleure espèce et les plus tendres ; on les épluche et on les fait ensuite blanchir, en les jetant dans l'eau bouillante et en les retirant presqu'aussitôt, c'est-à-dire, quand ils ont fait deux bouillons seulement. Il n'en faut pas davantage si l'on veut qu'ils conservent leur fraîcheur et leur goût. Pour faire cette opération commodément, on met une grande chaudière sur le feu, dans laquelle on fait bouillir de l'eau : lorsque cette eau est bouillante, on y plonge les haricots verts avec le panier d'osier dans lequel on les a mis, et on les retire aussitôt qu'ils ont tant soit peu bouilli. On peut faire blanchir une provision à plusieurs reprises, mais en suivant toujours le même degré de cuisson.

Aussitôt qu'on retire les haricots de l'eau, on les met sur des claies pour les faire égoutter.

On peut aussi les étendre sur une toile à un courant d'air; la toile absorbe une partie de l'humidité, et le courant d'air hâte l'évaporation. On les laisse aussi sécher à l'ombre dans un grenier, si le temps est chaud et sec, c'est la meilleure de toutes les méthodes; les haricots sèchent parfaitement en conservant un bel œil vert. Si on les exposait au soleil, il blanchiraient et perdraient leur goût naturel : les haricots que l'on conserve sont d'autant plus beaux qu'ils ont été choisis plus petits.

Si le temps n'était pas assez chaud ni assez sec pour parvenir à les bien sécher à l'air, il faut, lorsqu'ils sont égouttés, les mettre dans un four, lorsqu'il n'a plus qu'un léger degré de chaleur, après en avoir retiré le pain. Si la chaleur est trop grande, les haricots recuisent, et en séchant trop, leur bonté se trouverait altérée.

Quand les haricots seront bien séchés, le meilleur moyen de conserver leur qualité et de les empêcher de se gâter, c'est de les enfermer dans des sacs de papier qui puissent contenir deux litrons, et de fermer ces sacs en collant l'ouverture de manière que l'air ne puisse entrer par aucun endroit. On serre ensuite les haricots dans un lieu sec, et ils s'y conservent bien.

Lorsqu'on veut en faire usage pendant l'hiver, on les fait tremper dans l'eau fraîche, du matin jusqu'au soir. Ils s'y renflent, reprennent leur premier œil de verdure, et, lorsqu'ils sont bien accommodés, ils ont un très-bon goût, et supérieur à celui qu'ils ont dans les autres manières de les conserver.

La meilleure méthode *pour conserver les petits pois verts* est la suivante : on choisit les plus jeunes et les plus tendres, on les écosse, et dans une casserole de moyenne grandeur, pleine de ces petits pois, vous mettez deux ou trois cuillerées de sucre, et placez-les sur un feu vif de charbon. Quelques personnes y ajoutent encore un peu de beurre frais. On les laisse sur le feu en les remuant sans cesse, jusqu'à ce qu'ils soient en pleine sueur. Lorsque vous vous apercevrez qu'ils donnent de l'eau, vous les ôterez bien vîte et les verserez sur des tamis ou encore mieux sur une serviette, pour les débarrasser d'abord de l'eau qu'ils ont rendue, après quoi vous les étendrez sur du papier dans une chambre aérée, où le soleil ne pénètre pas ; mais afin qu'ils sèchent plus promptement, vous aurez soin de les retourner. Il est nécessaire, pour les conserver, qu'ils ne gardent aucune humidité, sans quoi ils ne tarderaient pas à se moisir. On les conserve dans des boîtes doublées de papier ou dans des bocaux de verre, dans un endroit sec.

On peut en faire de même à l'égard des haricots verts. On les conserve de cette manière jusqu'à la récolte prochaine, d'un aussi bon goût que ceux que l'on vient de cueillir.

Pour sécher les artichauts, on en ôte toutes les feuilles, et on ne laisse au fond des artichauts que ce qui est bon à manger : ensuite on les blanchit par la méthode indiquée ci-dessus pour sécher les haricots verts. Puis, après les avoir fait bien égoutter sur des serviettes, on les met sur des claies dans un four qui ne doit pas être trop chaud, de façon qu'on puisse y tenir la main sans se brûler. Quand ils sont secs on les serre, et quand on les veut employer, on les met tremper dans de l'eau tiède.

Les *morilles et mousserons* seront enfilés et accrochés en lieu chaud, comme dessus un four, où ils sécheront facilement ; et si vous n'avez aucun lieu commode, il suffira de les mettre devant le feu ou dans le four très-modérément chaud.

Quelques personnes préfèrent, pour conserver leurs légumes, se servir du procédé du bain-marie, dont nous devons l'indication à M. APPERT. En voici le détail applicable d'abord aux petits pois, mais qui sera exactement le même, dans tous ses détails, pour les autres légumes et fruits que l'on veut conserver de cette manière.

Il faut employer le *pois clamart* ou le *pois crochu*, ce sont les deux espèces les plus propres à être conservées. Faites-les cueillir, qu'ils ne soient pas trop fins, ils auront plus de goût ; écossez-les aussitôt, séparez-en les gros, mettez-les de suite dans des bouteilles, et tassez-les le plus possible, bouchez les hermétiquement. Entortillez les bouteilles de foin ou de paille, et placez les dans un chaudron rempli d'eau froide, couvrez le chaudron d'un couvercle, et entourez-le d'un linge mouillé, afin d'empêcher l'évaporation ; mettez le chaudron sur le feu et faites-le bouillir au bouillon pendant une heure et demie, lorsque la saison est fraîche et humide, et deux heures lorsqu'elle est sèche et chaude. Ce temps révolu, retirez-le du feu, décantez l'eau du chaudron ; une demi-heure après l'eau retirée, découvrez le chaudron, et n'en sortez les bouteilles qu'une heure après l'ouverture dudit chaudron; le lendemain, goudronez les bouteilles.

Soumettez également les gros pois à la même opération, et donnez-leur, suivant la saison, deux heures ou deux heures et demie de bouillon au bain-marie.

On peut *conserver les asperges* de la même manière; pour cet effet on les nettoie comme pour l'usage journalier, soit entières ou découpées. Avant de les mettre en bouteilles ou en bocaux, plongez-les dans l'eau bouillante et de suite dans l'eau fraîche; ensuite faites-les bien égoutter, puis rangez avec soin celles qui sont entières dans des bocaux, la tête en bas; continuez l'opération comme il est dit précédemment à l'article des *petits pois conservés*, et faites faire à vos asperges un bouillon seulement au bain-marie.

Petites fèves de marais, conservées avec leurs robes. Toutes les fèves ne sont pas bonnes à conserver; il faut employer pour cet effet la véritable fève du marais, celle qui est grosse et large comme le pouce, quand elle est en pleine maturité. Faites-la cueillir grosse comme le petit bout du doigt pour la conserver avec sa robe. La robe étant sensible au contact de l'air qui la brunit, il faut avoir soin, tout en les écossant, de les mettre en bouteilles. Tassez-les légèrement pour en faire entrer le plus possible ; ajoutez à chaque bouteille un petit bouquet de sariette ; bouchez-les bien vîte. Continuez l'opération comme il est dit à l'article des *petits pois* et mettez-les au bain-marie pendant une heure.

Pour conserver les fèves de marais, dérobées. Vous prendrez des fèves de marais grosses à peu près d'un demi-pouce de long ; faites-les dérober, et à mesure mettez-les dans des bouteilles avec un petit bouquet de sariette ; bouchez-les bien hermétiquement. Continuez l'opération comme il est dit plus haut à l'article des *petits pois*, et ne les laissez au bain-marie qu'une heure seulement.

Haricots verts conservés au bain-marie Faites cueillir des haricots verts comme pour l'usage journalier ; épluchez-les et mettez les aussitôt dans des bouteilles ; tassez-les bien pour boucher tous les vides ; bouchez les bouteilles hermétiquement, et opérez comme il est dit à l'article des *petits pois*. Mettez les bouteilles dans le bain-marie, et faites leur donner une heure et demie de bouillon. Lorsque les haricots sont un peu gros, faites-les casser en deux ou trois ; de cette manière ils n'ont besoin que d'être une heure au bain-marie.

Artichauts entiers conservés. Prenez des artichauts de moyenne grosseur : ôtez-leur toutes les feuilles inutiles, ainsi que le foin et parez-les : plongez-les dans l'eau bouillante et de suite dans l'eau fraîche, après les avoir fait égoutter, mettez-les dans des bocaux, bouchez-les bien et opérez comme il est indiqué plus haut à l'article des *petits pois conservés*.

Choux-fleurs conservés. Epluchez des choux-fleurs, plongez les dans l'eau bouillante, puis dans l'eau fraîche, et quand ils seront bien égouttés, mettez-les en bocaux ; bouchez-les bien et opérez comme il est dit à l'article des *petits pois.* Ne leur donnez au bain-marie qu'une demi-heure de bouillon.

Champignons. Prenez des champignons nouvellement cueillis, bien blancs et bien fermes; épluchez et lavez-les; mettez-les dans une casserole avec un morceau de beurre frais ou d'excellente huile d'olive; laissez la casserole sur le feu jusqu'à ce qu'ils aient jeté leur eau, et que cette eau soit réduite de moitié. Retirez-les et laissez-les refroidir dans un vase de terre; ensuite mettez-les en bouteilles et donnez-leur un bon bouillon au bain-marie.

Le meilleur procédé pour conserver l'oseille et autres herbes potagères est le suivant : Il faut observer d'abord que l'acidité de l'oseille ne permettant pas de la manger seule, on en tempère l'aigreur en l'unissant avec du cerfeuil, de la laitue, de la ciboule, de la poirée, etc. en proportion convenable; mais on en éloigne seulement la belle-dame qui lui communiquerait un goût désagréable. Lorsque le tout sera proprement épluché, lavé, égoutté et haché, vous le ferez cuire dans un vase de cuivre bien étamé. Ayez soin que vos légumes soient bien cuits, sans être desséchés ; il faut remuer presque continuellement l'oseille, pour qu'elle ne s'attache pas au chaudron, comme elle le ferait facilement. Quand elle commencera à s'épaissir, on la salera et on la goûtera. Lorsqu'elle paraîtra suffisamment cuite, ce qu'on reconnaîtra à ce qu'elle ne contiendra plus d'eau, on la mettra dans des pots de grès, et on la laissera refroidir avant de la couvrir de beurre. Si l'on s'aperçoit avant, quand l'oseille est refroidie, qu'il surnage de l'eau sur le pot, c'est un signe certain qu'elle n'est pas assez cuite ; il est nécessaire alors de la remettre sur le feu, sans cela elle se gâterait indubitablement. Un point essentiel dans la conservation de l'oseille, est de la bien couvrir avec le beurre, dont il doit y avoir un doigt d'épaisseur.

De la manière de conserver les légumes au sel et au vinaigre.

Pour conserver les haricots verts en saumure. On en choisit ceux qui sont bien tendres et d'une belle espèce, lorsqu'ils sont parvenus à une grosseur moyenne ; on les épluche sans les casser en deux, mais en enlevant seulement les deux extrémités; puis on les fait blanchir, en ayant le soin de ne pas les laisser trop bouillir, afin qu'ils ne perdent ni leur fermeté ni leur verdeur; on les fait égoutter; on les place dans des pots de grès contenant trois à quatre pintes, sans être trop pressés, pour qu'ils puissent baigner dans l'eau. On fait ensuite une saumure composée de deux tiers d'eau et d'un tiers de vinaigre; on l'assaisonne ensuite avec quelques poignées de sel. Observez qu'il est nécessaire qu'il y ait assez de saumure pour que ceux de dessus baignent, autrement il se ferait une moisissure qui gâterait ceux qui ne tremperaient pas. Les pots sont préservés de l'action de l'air par une couche de beurre et non d'huile, qui communique quelquefois un mauvais goût aux légumes. Les haricots conservent, de cette façon, tout leur goût et leur fraîcheur jusqu'au printemps, et ils reviennent seulement à dix sous la livre à la ménagère qui a suivi cette méthode; où les haricots verts ne contractent point un goût de foin, ordinaire dans ceux que l'on conserve en les enfilant par chapelets et les exposant à l'air.

Pour confire les cornichons à la manière hollandaise, en leur conservant leur couleur verte et leur fermeté. Choisissez un panier (d'un boisseau environ) de petits cornichons bien verts; brossez-les pour les bien nottoyer de leur duvet, et coupez-leur le bout de la queue et mettez en un lit dans un vase de terre, saupoudrez-les de sel fin. Faites encore une pareille couche que vous saupoudrerez de même. Continuez ainsi jusqu'à ce que tous vos cornichons soient salés. Retournez ou faites sauter de temps en temps, pour qu'ils soient tous bien imprégnés de sel; laissez-les ainsi reposer pendant ving-quatre heures, ils auront jeté une eau qui devient inutile et qu'il faut ôter. Quand les cornichons auront égoutté, on les placera dans un pot de grès d'une grandeur convenable, et on y jetera du vinaigre blanc bouillant en quantité suffisante pour qu'ils y baignent. Couvrez le vase bien soigneusement, et laissez infuser pendant vingt-quatre heures, au bout desquelles ils auront pris une couleur jaune ; retirez-en le vinaigre que vous mettrez dans une grande casserole bien étamée sur un feu très vif ; lorsque vous le verrez bouillir, jetez-y les cornichons, et couvrez la casserole avec un couvercle de cuivre bien poli, et au moment où ils commenceront à bouillir, remuez-les également et recouvrez-les, ils reprendront leur couleur verte ; cinq minutes d'ébullition suffisent pour cette opération ; vous les retirerez alors de la casserole dans une grande terrine et les laisserez refroidir.

Mettez-les alors dans les pots où ils doivent rester, et les entremêlez d'assaisonnemens convenables, comme passe-pierre, estragon, piment, petits oignons, ail, clous de girofle, un citron coupé en quatre morceaux, et une petite poignée de sel. Remplissez les vases de vinaigre, de manière que les cornichons et l'assaisonnement baignent. Couvrez bien vos pots avec une vessie ou parchemin et double papier que vous assujettirez avec une ficelle, et placez-les dans un lieu frais ou tempéré. Au bout de huit à quinze jours ils seront suffisamment confits et pourront se conserver une, deux et même trois années.

Haricots verts confits au vinaigre, excellens à manger en salade. Prenez douze livres de haricots verts, petits et tendres; ôtez la queue, et le filet qui est autour; faites bouillir de l'eau, et jetez-y une poignée de sel. Le sel donnera à vos haricots la qualité de rester toujours verts. Quand votre eau bouillira, vous y mettrez vos haricots et leur ferez prendre cinq à six bouillons, jusqu'à ce qu'ils fléchissent sous les doigts; ôtez-les alors de dessus le feu, plongez-les dans l'eau fraîche et mettez-les égoutter. Ensuite arrangez-les dans des pots de grès, ou dans des grands bocaux de verre; versez par-dessus dix pintes de bon vinaigre blanc, assaisonnez les de sel, de poivre en grains, petits oignons et quelques clous de girofle. On couvre enfin les pots ou bocaux avec du parchemin mouillé, plié en double et bien ficelé.

SUPPLÉMENT.

Je crois rendre un service important à plusieurs de mes lecteurs, en leur faisant connaître les moyens de conserver la viande pendant les chaleurs d'été. Cette connaissance intéressante, sous le double rapport de la santé et de l'économie, devient sur-tout essentielle dans certaines habitations de campagne, où l'on est obligé de faire sa provision de viande pour plusieurs jours, de manière qu'on est exposé au double inconvénient de la manger d'abord trop fraîche et conséquemment dure, et ensuite trop avancée en fermentation.

Pour conserver le gibier, le bœuf et autres viandes.

Enveloppez dans un linge blanc les morceaux de viande, ou les pièces de volaille ou gibier, pendant qu'ils sont encore frais, et placez-les ainsi dans le charbonnier, bien enterrés dans le poussier de charbon ou de braise. La viande s'y conserve très-bien pendant trois semaines, sans altération, malgré la chaleur et l'humidité.

Autre moyen.

Couvrez vos pièces de viande, etc., de lait caillé; ce moyen est infiniment avantageux en ce que le lait n'altère en rien la saveur des viandes, et en ce qu'il peut les conserver huit à dix jours.

Moyen d'attendrir les viandes. Avant de mettre à la broche ou au pot chaque espèce de viande de boucherie, il faut la battre vigoureusement avec un rouleau de bois, au moins pendant une ou deux minutes. C'est-là le grand secret pour rendre les viandes tendres et délicates; mais, dans la plupart des ménages, l'on ignore ce procédé si simple

Manière de préparer la volaille avant de la faire cuire.

Lorsqu'on met sa volaille sur le feu aussitôt qu'elle est morte, si même on n'attend que quelques heures, quelques précautions que l'on prenne ensuite pour la faire rôtir ou bouillir, il est impossible de la servir tendre et délicate. Celle qu'on veut servir à dîner doit être au moins morte la veille; et celle que l'on veut servir le soir doit être tuée le matin de très-bonne heure, si l'on n'a pas la précaution de la tuer la veille avant de se coucher. Dès que la volaille est morte et qu'elle cesse de saigner, il faut, avant de la plumer, la mettre dans un pot ou baquet assez rempli d'eau froide pour qu'elle baigne entièrement dedans. On la laisse jusqu'au lendemain ou jusqu'au soir, enfin jusqu'au moment de s'en servir ; alors on la retire pour la tremper dans l'eau bouillante ; on la plume facilement et on l'emploie à l'usage auquel on la destine. Moyennant ces préparatifs, votre volaille sera tendre, blanche et d'un goût exquis.

Moyen de préserver le poisson de la corruption, suivant Mme. GACON-DUFOUR.

Vous lui faites jeter un bouillon dans une petite quantité d'eau et un peu de sel ; vous le laissez dans cette eau deux ou trois jours sans qu'il se corrompe, parce qu'il tombe au fond du vase et que l'eau salée le couvre entièrement. Si vous êtes forcé de le garder plus de trois jours, vous remettrez le vase sur le feu, en ajoutant encore un peu de sel et une feuille de laurier. Le poisson peut ainsi se soutenir jusqu'à trois ébullitions ; un plus grand nombre lui ferait perdre sa qualité.

On doit employer pour cette opération un vase de terre, éviter le fer et sur-tout le cuivre.

La même dame nous a indiqué un procédé que nous nous empressons de communiquer à nos lecteurs. *Pour empêcher le poisson gelé de se briser en cuisant.* Il consiste à plonger le poisson gelé dans un vase plein d'eau froide : cette eau contenant assez de chaleur naturelle pour être fluide, dégèle peu à peu le poisson, mais aussi cette eau perd en cinq ou six minutes sa fluidité, et forme autour du poisson une couche de glache légère. Il faut alors ôter le poisson, le dépouiller de cette glace et le replonger dans l'eau nouvelle jusqu'à ce qu'il ne forme plus de glace. Alors il a repris sa température naturelle, et le feu ne fera plus sur lui que son effet ordinaire.

On emploie ce même moyen avec succès pour rétablir les viandes, les œufs et même les légumes et fruits gelés.

La meilleur méthode pour saler le beurre est la suivante : Pour faire du beurre salé, il faut le laver plusieurs fois, pour en faire sortir le lait, prenez-en deux livres à la fois, étendez-le sur une table avec un rouleau, comme vous feriez à un morceau de pâte ; étant à l'épaisseur d'un doigt, vous y répandez du sel dessus en raisonnable quantité, pliez le beurre en quatre et le repétrissez de cette façon jusqu'à ce que le beurre soit bien mêlé avec le sel; continuez de cette façon deux livres par deux livres jusqu'à la fin : mettez-le à mesure dans des pots de grès bien propres, et pressez-le bien pour qu'il ne reste point de vide. Quand les pots seront pleins, vous prendrez du sel, que vous ferez fondre avec un peu d'eau, et le mettrez sur la superficie des pots, de manière que le beurre en soit couvert à la hauteur d'un pouce environ; couvrez vos pots de papier et d'une ardoise, et portez-les à la cave pour les conserver.

Pour faire du beurre fondu. Sur trente livres de beurre que vous mettrez dans un chaudron bien propre, ajoutez quatre clous de girofle, des feuilles de laurier, deux oignons; faites cuire ce beurre à petit feu pendant trois heures, sans l'écumer, jusqu'à ce qu'il soit clair-fin; retirez le du feu, et laissez le reposer une heure; écumez-le ensuite et le versez doucement dans des pots de grès. Passez le fond du beurre à travers d'un tamis. Quand vos pots sont pleins portez-les à la cave ; étant froids, vous les couvrirez de papier et d'une ardoise. Ce beurre se garde long-temps sans se gâter.

Manière de faire une bonne friture. La meilleure friture se fait avec la graisse du pot au feu. On peut y suppléer par celle de rognon de bœuf hachée fin et fondue. Vous pouvez ajouter à la qualité de cette friture en la faisant cuire et clarifier. Mettez-la sur le feu dans une marmite ; faites bouillir, écumez, tirez à clair. Cette opération la rend claire et limpide.

Ces graisses sont préférables au saindoux qui a le défaut de ramollir la pâte, de s'enfler, d'écumer et de déborder dans le feu, ce qui est fort dangereux. L'huile a le même défaut sous ce rapport, mais au moins elle ne ramollit pas. Le beurre fondu a presque les mêmes inconvéniens, et celui d'être fort cher dans les villes.

Quand vous voulez faire une friture, faites chauffer votre graisse dans la poêle, mouillez votre doigt dans de l'eau, et le secouez sur la friture : si elle pétille et rejette l'eau, elle est au degré de chaleur convenable. Si vous faites frire du poisson, avant de l'abandonner, tenez-le par la tête, et trempez le bout de la queue de la friture; si en une seconde de temps ce bout devient presque cassant, laissez aller votre poisson, que vous aurez soin de retourner à moitié de la cuisson.

Bien entendu que vous aurez soin avant tout de vider, écailler, nettoyer le poisson, et quand il est d'une taille au moins moyenne, de le ciseler, c'est-à-dire de faire des incisions en travers avec un couteau, et de le fariner en le passant dans la farine. Quand il est cuit, vous le mettez égoutter de sa graisse, et le servez saupoudrez de sel fin.

Moyen de conserver les œufs pendant tout l'hiver dans un état parfait.

Suivant la provision d'œufs que vous ferez, vous les mettrez au fur et à mesure dans de grands pots de terre vernissés, neufs, et vous les couvrirez de quelque espèce d'huile que ce soit : il faut que l'huile surpasse les œufs d'un doigt au moins.

On fera bien attention de ne les

toucher ni avec les mains, ni avec un fer, ce qui nuirait à l'huile et empêcherait par conséquent la conservation des œufs. Moyennant cette précaution, l'huile se conservera aussi bonne et pure, et les œufs aussi frais qu'ils l'étaient lorsqu'on les mit dans les pots. Si vous avez besoin de prendre quelques œufs, servez-vous d'une cuiller d'argent et non d'étain ni de bois.

Autre manière plus simple. de conserver les œufs. Passez de la cendre dans un gros tamis ou dans un mauvais crible; mettez cette cendre soit dans un petit tonneau, soit dans des pots, à mesure que vous recueillerez vos œufs, vous les mettrez dans cette cendre, en ayant soin qu'ils soient entièrement couverts et qu'ils ne se touchent point les uns les autres.

Moyen d'avoir des œufs frais pendant les plus grands froids et les hivers les plus longs, suivant Mme. GACON-DUFOUR.

Vers la fin d'octobre, vous prenez une douzaine de poules mères, vous les mettez dans l'étable des vaches, derriere des claies assez hautes pour qu'elles ne puissent les franchir. Vous leur donnez pour toute nourriture du sarrasin, et le matin, une pâte de chenevis pilé, dans laquelle vous mettez très-peu de son d'orge et environ un sixième de brique pilée et passée au tamis. Cette nourriture les échauffe au point de les faire pondre tous les jours; mais aussi au printemps ce sont des poules ruinées, et ne sont plus bonnes qu'à engraisser.

Manière de faire revenir le lait caillé ou aigri, et de l'empêcher de tourner sur le feu.

On y ajoute une petite portion de sel végétal; on mêle bien le tout en le remuant avec soin, et pendant cette manipulation, on le met sur un feu de charbon bien allumé. Le caillé se dissout, et le lait reprend toutes ses premières qualités.

On conseille aussi d'ajouter, par précaution, chaque fois que l'on fait bouillir du lait pendant les grandes chaleurs, une petite quantité de sel végétal, pour l'empêcher d'aigrir et de tourner sur le feu, comme cela arrive très-souvent en été, sur-tout par un temps d'orage.

Moyen d'enlever le goût désagréable qu'on trouve au lait qui est trait le matin. Ce moyen consiste simplement à faire boire de l'eau fraîche à la vache ou à la chèvre une heure avant de la traire. Pour les mieux exciter à boire, on leur fera lécher un peu de sel. Ce procédé, d'ailleurs, loin de nuire à ces animaux, leur est très-salutaire.

FIN.

LES SOUVENIRS.

Air *du point du jour, dans* GULISTANT.

LES souvenirs
Du temps passé réveillent tous les charmes;
Ils font renaître nos désirs,
Ils renouvellent nos plaisirs;
Nous devons les plus douces larmes
Aux souvenirs.

LE souvenir
Fait du Héros revivre la victoire :
Les lauriers qu'il osa cueillir
A nos regards viennent s'offrir;
Il doit enfin toute sa gloire
Au souvenir.

LE souvenir
Peut du Vieillard ranimer la faiblesse :
En racontant, il sait jouir;

Les objets qu'on lui vit chérir
Charment encore sa tristesse,
Du souvenir.

Le souvenir
Rend plus touchant l'aspect de la patrie :
On est heureux de s'attendrir;
Et l'on emprunte, avec plaisir,
Les douceurs de la rêverie,
Du souvenir.

Le souvenir
Redonne au cœur la volupté suprême,
Ses vœux et son premier soupir,
Le bonheur qu'il sut obtenir,
Quand il reçoit de ce qu'il aime,
Un souvenir.

Au souvenir,
Pour nous flatter, il n'est rien d'impossible :
Oui, le passé peut embellir,
Et consoler notre avenir...
Ne privez point l'ame sensible,
Du souvenir.

Par Nestor LAMARQUE.

LA CHOSE.

Air *de FANCHON : avec vous sous le même toit.*

La chose est un terme excellent
Qui peut exprimer *toute chose*,
Et se rencontre incessamment,
Que l'on écrive ou que l'on cause.
Si j'admire un objet piquant,
Au sein de lis, au teint de rose,
Je dis avec ravissement :
« Mon Dieu ! c'est une belle *chose.* »

Tout ce qu'on fait ou ce qu'on dit :
Ce qui me charme ou m'indispose,
Tous les ouvrages de l'esprit,
Les beaux-arts, les vers et la prose ;
Tout ce qui vient frapper nos sens,
Et tout ce dont l'homme dispose ;
Les biens, les maux, les sentimens :
Tout cela prend le nom de *chose.*

Lorsque j'entends nos Avocats
Contester sur la moindre *chose*,
J'estime que tous leurs débats
Sont la plus insipide *chose*;
Si j'écoute encor tout au long,
Un prédicateur bien morose,
Je pense que ce beau sermon
N'aboutira pas à grand'*chose*.

Lorsque je vais à l'opéra,
La danse est une belle *chose*;
Je puis lorgner par-ci, par-là,
Ce qui me plaît sans qu'on en glose.
Quand je distingue un air fripon,
Un œil qui promet *quelque chose*,
Tournure fine et pied mignon,
Je devine plus d'une *chose*.

Lorsque je suis d'un grand festin,
Je veux goûter de chaque *chose*;
J'aime les bons mets, le bon vin,
Néanmoins à petite dose.

Quand je suis seul, entre mes draps,
Je dis : c'est une triste *chose;*
Un jeune objet, rempli d'appas,
Est pour moi la plus douce *chose.*

Sexe enchanteur, j'écris pour vous;
Je sais que vous aimez *la chose,*
Et je trouve toujours bien doux
De vous en glisser *quelque chose :*
Quand vous daignez, avec faveur,
Accueillir ce que je propose,
Vous me donnez le vrai bonheur,
En faisant pour moi *quelque chose.*

Par Nestor LAMARQUE.

TABLE.

Viande et Volailles.

Poissons.

Œufs, crêmes, laitage et légumes.

Tourtes et pâtisseries.

De la conservation des fruits.

Des fruits séchés.

Pour confire les fruits au sucre.

Fin de la table.

A Metz, de l'Imprimerie de Lamort.